Nico Kämmer

Multikonsistente Objektstrukturen in einem verteilten Speicher

Nico Kämmer

Multikonsistente Objektstrukturen in einem verteilten Speicher

Effiziente Vergabe- und Bereinigungsstrategien einer verteilten Speicherverwaltung

Südwestdeutscher Verlag für Hochschulschriften

Impressum/Imprint (nur für Deutschland/only for Germany)
Bibliografische Information der Deutschen Nationalbibliothek: Die Deutsche Nationalbibliothek verzeichnet diese Publikation in der Deutschen Nationalbibliografie; detaillierte bibliografische Daten sind im Internet über http://dnb.d-nb.de abrufbar.
Alle in diesem Buch genannten Marken und Produktnamen unterliegen warenzeichen-, marken- oder patentrechtlichem Schutz bzw. sind Warenzeichen oder eingetragene Warenzeichen der jeweiligen Inhaber. Die Wiedergabe von Marken, Produktnamen, Gebrauchsnamen, Handelsnamen, Warenbezeichnungen u.s.w. in diesem Werk berechtigt auch ohne besondere Kennzeichnung nicht zu der Annahme, dass solche Namen im Sinne der Warenzeichen- und Markenschutzgesetzgebung als frei zu betrachten wären und daher von jedermann benutzt werden dürften.

Coverbild: www.ingimage.com

Verlag: Südwestdeutscher Verlag für Hochschulschriften GmbH & Co. KG
Heinrich-Böcking-Str. 6-8, 66121 Saarbrücken, Deutschland
Telefon +49 681 37 20 271-1, Telefax +49 681 37 20 271-0
Email: info@svh-verlag.de

Herstellung in Deutschland:
Schaltungsdienst Lange o.H.G., Berlin
Books on Demand GmbH, Norderstedt
Reha GmbH, Saarbrücken
Amazon Distribution GmbH, Leipzig
ISBN: 978-3-8381-3010-1

Imprint (only for USA, GB)
Bibliographic information published by the Deutsche Nationalbibliothek: The Deutsche Nationalbibliothek lists this publication in the Deutsche Nationalbibliografie; detailed bibliographic data are available in the Internet at http://dnb.d-nb.de.
Any brand names and product names mentioned in this book are subject to trademark, brand or patent protection and are trademarks or registered trademarks of their respective holders. The use of brand names, product names, common names, trade names, product descriptions etc. even without a particular marking in this works is in no way to be construed to mean that such names may be regarded as unrestricted in respect of trademark and brand protection legislation and could thus be used by anyone.

Cover image: www.ingimage.com

Publisher: Südwestdeutscher Verlag für Hochschulschriften GmbH & Co. KG
Heinrich-Böcking-Str. 6-8, 66121 Saarbrücken, Germany
Phone +49 681 37 20 271-1, Fax +49 681 37 20 271-0
Email: info@svh-verlag.de

Printed in the U.S.A.
Printed in the U.K. by (see last page)
ISBN: 978-3-8381-3010-1

Copyright © 2011 by the author and Südwestdeutscher Verlag für Hochschulschriften GmbH & Co. KG and licensors
All rights reserved. Saarbrücken 2011

Danksagung

Ich möchte mich herzlich bei Herrn Prof. Dr. Peter Schulthess für die zahlreichen Gespräche, die ergiebigen Diskussionen und die vielen Anregungen bedanken, welche zum Gelingen dieser Arbeit beigetragen haben. Ebenso möchte ich mich bei Herrn Prof. Dr. Franz Schweiggert für die Begutachtung dieser Arbeit bedanken.

Darüber hinaus möchte ich mich auch bei allen Kollegen bedanken, insbesondere bei Herrn Dr. Patrick Schmidt, Herrn Dipl. Inf. Thilo Schmitt, Herrn Dipl. Inf. Alexander Weggerle, Herrn Dipl. Inf. Steffen Gerhold und Herrn Dr. Markus Fakler, für die zahlreichen Gespräche und Diskussionen sowie die angenehme Arbeitsatmosphäre.

Besonderer Dank gilt auch meiner Familie und insbesondere meinen Eltern, die mir sowohl das Studium als auch diese Laufbahn ermöglicht haben und mich auf diesem Weg bestärkten und mir stets Halt boten. Schließlich möchte ich auch meiner Lebensgefährtin Silvia herzlich danken, für das aufgebrachte Verständnis und die Unterstützung.

Für meine Eltern

Inhaltsverzeichnis

1 Einleitung   **7**
     1.1 Einführung in Rainbow OS 7
     1.2 Beitrag und Abgrenzung dieser Arbeit 8

2 Grundlagen   **11**
     2.1 Verteilte Systeme 11
         2.1.1 Motivierung verteilter Systeme 11
         2.1.2 Organisation verteilter Betriebsmittel 12
             2.1.2.1 Middleware-Systeme 13
             2.1.2.2 Verteilte Betriebssysteme 13
         2.1.3 Kommunikationsformen 14
         2.1.4 Systeme mit verteilten virtuellen Speicher 14
     2.2 Umfeld dieser Arbeit 16
         2.2.1 64 Bit Multiprozessor Cluster Architektur 17
         2.2.2 Programmiersprache 18
         2.2.3 Compiler 18
         2.2.4 Persistenz 19

3 Multikonsistente Speicherstrukturen   **21**
     3.1 Konsistenzbegriff 21
     3.2 Traditionelle Konsistenzmodelle 22
     3.3 Motivierung multikonsistenter Systeme 27
     3.4 Multikonsistente Datenstrukturen 29
     3.5 Architekturmerkmale multikonsistenter Systeme 30
     3.6 Multikonsistente Datenstrukturen in einem transaktional verteilten Speicher . . 33
         3.6.1 Transaktionale Konsistenz 34
         3.6.2 Multikonsistenz in Rainbow OS 35
         3.6.3 Konsistenzerweiterung und -migration zur Laufzeit 40
     3.7 Zusammenfassung 41

Inhaltsverzeichnis

4 Verwaltung multikonsistenter und verteilter Speicherstrukturen   43
    4.1 Verteilte Freispeicherverwaltung 45
        4.1.1 Statische Heappartitionierung 45
        4.1.2 Dynamische Heappartitionierung 46
        4.1.3 Klassische Freispeicherorganisation 47
        4.1.4 Klassische Zuteilungsverfahren 49
    4.2 Verwaltung verteilter, multikonsistenter Speicherbereiche 51
        4.2.1 Lokale und verteilte Kernstrukturen 51
        4.2.2 Split Objects 54
        4.2.3 Allozierung multikonsistenter Objekte 57
                4.2.3.1 Allokatoren als Spezialfall der Split Objects 58
                4.2.3.2 Region Manager 61
                4.2.3.3 Winglets 62
    4.3 Aspekte der Transaktionalen Konsistenz 64
        4.3.1 Nebenläufige sowie lockfreie Speicherallozierung 65
        4.3.2 Transaktionale Gerätepuffer 66
    4.4 Zusammenfassung 70

5 Bereinigung multikonsistenter, verteilter Speicherbereiche   73
    5.1 Motivierung 73
    5.2 Klassische Verfahren 74
        5.2.1 Referenzzählende Verfahren 74
        5.2.2 Referenzverfolgende Verfahren 77
                5.2.2.1 Mark and Sweep 77
                5.2.2.2 Copying 79
        5.2.3 Generations-Verfahren 81
        5.2.4 Inkrementelle Freispeichersammlung 83
        5.2.5 Lease-Verfahren 86
    5.3 Verteilte Speicherbereinigung 87
    5.4 Inverse Referenzverfolgung 90
        5.4.1 Backchains 91
        5.4.2 Backpacks 93
    5.5 Laufzeitoptimierung mittels Symbolinformationen 95
        5.5.1 Relaxed Backpacks 98
        5.5.2 Typbasierte Referenzverfolgung 101
    5.6 Multikonsistenz im Kontext der Freispeichersammlung 105

5.7	Offline Freispeichersammlung	106
	5.7.1 Anforderungen	107
	5.7.2 Pageserver	110
	5.7.3 Freispeichersammlung mittels Schnappschussauswertung	111
5.8	Zusammenfassung	116

6 Messungen und Bewertung   119

6.1	Hardware	119
6.2	Speicherallozierung	120
6.3	Freispeichersammlung	123
	6.3.1 Auswertung der Symbolinformationen	124
	6.3.2 Relaxed Backpacks	125
	6.3.3 Typbasierte Referenzverfolgung	128
	6.3.4 Offline Freispeichersammlung	131
	6.3.5 Bewertung	134

7 Kurzfassung   135

8 Ausblick   137

Abbildungsverzeichnis   139

Tabellenverzeichnis   143

Literaturverzeichnis   145

Inhaltsverzeichnis

1 Einleitung

1.1 Einführung in Rainbow OS

Rainbow OS, welches an der Universität Ulm, am Institut für Verteilte Systeme entwickelt wird, ist ein verteiltes, objektorientiertes 64 Bit Cluster-Betriebssystem, welches einen virtuellen Adressraum über alle beteiligten Knoten aufspannt und so die Verteilung vor dem Benutzer und seinen Anwendungen verbirgt. Rainbow OS ist vollständig in Java geschrieben und wird mit Hilfe eines speziellen Compilers [Fre] direkt in nativen, ausführbaren Code übersetzt, so dass auf die übliche Interpretation von Bytecode durch eine Virtuelle Maschine zur Laufzeit verzichtet werden kann. Auf diese Weise bietet Rainbow OS seinem Benutzer die Vorteile einer typsicheren und objektorientierten Programmiersprache gepaart mit einer höheren Ausführungsgeschwindigkeit.

Mit dem Ziel, möglichst viele Komponenten des Systems mittels dem gemeinsamen Speicher zu verteilen und zu verwalten, gliedert sich Rainbow OS in einen lokalen sowie einen verteilten Kern. Der lokale Kern enthält lediglich diejenigen Bestandteile des Systems, welche für jeden Knoten individuell zu verwalten sind oder für dessen Startprozess sowie den anschließenden Beitritt zum Cluster benötigt werden, um so Zugang zu den verteilten Ressourcen zu erhalten. Im Gegensatz dazu beinhaltet der verteilte Kern, welcher sich innerhalb des gemeinsamen Speichers befindet, sämtliche Systemfunktionen, die verteilt werden können. Zu diesen gehört nicht nur die Verwaltung des gemeinsamen Speichers und die Koordinierung aller Anwendungsprogramme, sondern u.a. auch ausgewählte Treiberfunktionen.

Die Konsistenz der im gemeinsamen Speicher abgelegten Daten gewährleistet Rainbow OS prinzipiell mit Hilfe der Transaktionalen Konsistenz [Tra96][WSG+02], welcher standardmäßig sämtliche Datenstrukturen sowie verteilte Systemkomponenten unterliegen. Darüber hinaus bietet Rainbow OS mit Hilfe seines speziellen Objektformats Benutzern die Möglichkeit, weitere und damit auch schwächere Konsistenzmodelle für ihre Anwendungen einzusetzen, um so eine optimale Performance zu erreichen, ohne dass hierbei die Systemintegrität oder die Typsicherheit

1 Einleitung

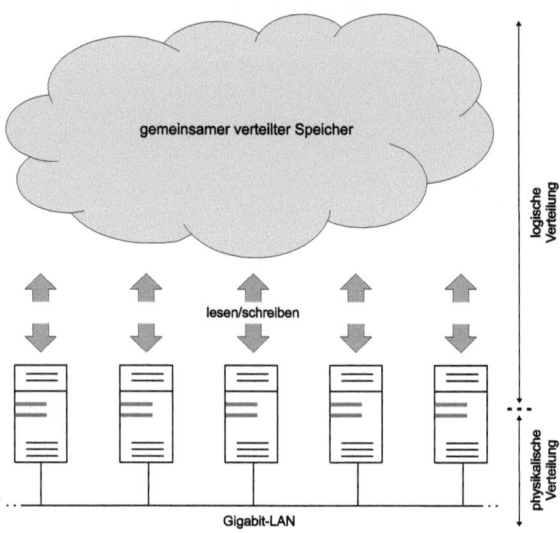

Abbildung 1.1: Verteilter gemeinsamer Speicher eines Rainbow OS Clusters.

gefährdet wird. Infolgedessen bietet Rainbow OS eine sichere und stabile Basis für verteilt bzw. parallel ausgeführte Anwendungen und deren Datenstrukturen, welche durch die Nutzung beliebiger Konsistenzmodelle in ihrer Ausführung optimiert werden können.

1.2 Beitrag und Abgrenzung dieser Arbeit

Zu einen der wichtigsten Eigenschaften, durch welche sich verteilte Systeme auszeichnen können, gehören nicht nur die Art und Weise, wie gemeinsam genutzte Daten verteilt werden oder welches Programmiermodell dem Nutzer hierfür zur Verfügung gestellt wird, sondern auch die Form der Konsistenzsicherung der verteilt gespeicherten sowie replizierten Datenstrukturen. Während viele verteilte Systeme, unabhängig von ihrem zugrunde liegenden Programmiermodell oder ihrer Verteilung, lediglich ein einziges Protokoll verwenden, um mögliche Replikate verteilter Datenstrukturen konsistent zu halten, gibt es nur wenige Systeme, die ihrem Benutzer ein kleine Menge ausgewählter Konsistenzmodelle für ihre Anwendungen und ihre Datenstrukturen anbieten. Dabei ist für gewöhnlich nicht nur die Auswahl der verfügbaren Konsistenzmodelle in ihrer Anzahl beschränkt, sondern auch fest vorgegeben, so dass ggf. keines der

1.2 Beitrag und Abgrenzung dieser Arbeit

angebotenen Konsistenzmodelle den Wünschen das Benutzers entspricht oder den möglicherweise bestehenden Zielkonflikt zwischen Konsistenzsicherung und Performanz in einer für das Programm optimalen Weise auflösen kann.

Diese Arbeit stellt einen effizienten und schlanken Ansatz vor, der den Aufbau multikonsistenter Datenstrukturen in einem verteilten System mit gemeinsamen Speicher sowie die dynamische Erweiterung um neue Konsistenzmodelle zur Laufzeit ermöglicht (s. Kapitel 3.6). Dabei werden nicht nur die erforderlichen Grundlagen im Bereich verteilter sowie multikonsistenter Systeme erläutert, sondern auch untersucht, wie multikonsistente Datenstrukturen in einem verteilten System realisiert werden können und unter welchen Aspekten sich Konsistenzmodelle zur Laufzeit hinzufügen oder anpassen lassen. Ausgangsbasis für die Unterstützung multikonsistenter Datenstrukturen ist im Rahmen dieser Arbeit die Verwaltung des gemeinsamen Speichers und ein besonderes Objektformat (s. Kapitel 4.2), womit einerseits die Nutzung verschiedener Konsistenzmodelle für die unterschiedlichsten Anforderungen ermöglicht wird und andererseits die Systemintegrität geschützt werden kann. In diesem Zusammenhang werden nicht nur die grundlegenden Anforderungen und Funktionen für die Verwaltung eines verteilten Speichers und seiner Daten erläutert, sondern auch verschiedene Strategien für dessen Organisation diskutiert.

Neben der Vergabe von freien Speicher spielt auch die Freispeichersammlung eine gewichtige Rolle in modernen Systemen, welche ihren Benutzer durch das automatisierte Auffinden von nicht mehr benötigtem Speicher (Objekte) nicht nur entlasten können, sondern ihn damit auch vor einer fehlerhaften Verwaltung seinerseits schützen. Diese Arbeit beleuchtet, in welcher Form sich nicht mehr benötigter Speicher automatisiert auffinden und einsammeln lässt und welchen Einfluss hierauf sowohl die Verteilung als auch die Multikonsistenz hat. Das Hauptaugenmerk wurde hierbei auf inverse Verfahren der Referenzverfolgung gelegt, welche eine selektive Betrachtung einzelner Objekte ermöglichen und damit für die Bereinigung verteilter Speicherbereiche von Vorteil sein können (s. Kapitel 5.4 und 5.5). Im Hinblick auf die für eine automatisch durchgeführte Freispeichersammlung benötigte Rechenkapazität betrachtet diese Arbeit auch den Ansatz einer zum eigentlichen System nebenläufig ausgeführten Freispeichersammlung. Der dafür entwickelte Prototyp, der in Kapitel 5.7.3 vorgestellt wird, findet mit Hilfe eines durch den Pageserver erstellten Speicherabbilds nicht mehr benötigte Objekte des gemeinsamen Speichers und bietet so eine aus dem Laufzeitsystem ausgelagerte Freispeichersammlung.

1 Einleitung

2 Grundlagen

2.1 Verteilte Systeme

2.1.1 Motivierung verteilter Systeme

Ein verteiltes System definiert sich typischerweise durch einen Verbund von unabhängigen, miteinander vernetzten Computern, die dem Benutzer in mancher Hinsicht auch als ein einzelner Computer erscheinen können. Ziel solcher Systeme ist es, dem Benutzer durch die Kooperation mehrerer Computer (sog. Knoten) die Verfügbarkeit der nutzbaren Ressourcen zu erhöhen und ihm einen leichten Zugang zu diesen zu ermöglichen, so dass sich bspw. Informationen leicht austauschen lassen oder Aufgaben durch die gebündelte Verwendung mehrerer/neuer Ressourcen effektiv und gemeinsam (Nebenläufigkeit) erledigen lassen. Im Idealfall verbergen solche Systeme dabei die physikalische Verteilung und die notwendige Kommunikation zwischen den einzelnen Knoten vor seinem Benutzer (Transparenz) und lassen sich leicht um weitere Computer erweitern (Skalierbarkeit), um so bspw. die Leistungsfähigkeit zu steigern, oder können auch den Ausfall einzelner Knoten tolerieren (Verfügbarkeit). Infolgedessen wird ein verteiltes System auch durch seine Transparenz-Eigenschaften beschrieben, also die Fähigkeit, die physikalische Verteilung seiner Ressourcen vor dem Benutzer und seinen Anwendungen in einer Art und Weise zu verbergen, dass diese als ein einzelnes Gesamtsystem erscheinen und entsprechend genutzt werden können [TS01]. Die Forderung der Transparenz lässt sich dabei in verschiedene Aspekte (Ausprägungen) unterteilen [TS01], deren Erfüllung zu den Merkmalen eines verteilten Systems gehört und im Folgenden die wichtigsten kurz vorgestellt werden:

Ortstransparenz ist gegeben, wenn der Ort einer Ressource vor dem Benutzer verborgen bleibt und dieser keine Kenntnis darüber besitzt, wo sich diese physikalisch befindet.

Migrationstransparenz liegt vor, wenn Ressourcen ihren physikalischen Ort ändern können (migriert werden), ohne dass sich an der Art des Zugriffs etwas ändert oder dies für den

2 Grundlagen

Benutzer sichtbar wird.

Relokationstransparenz ist eine etwas verschärfte Form der Migrationstransparenz und liegt vor, wenn Ressourcen während ihrem Zugriff migriert werden können, ohne dass dies für den Benutzer erkennbar ist.

Replikationstransparenz spielt meist eine wichtige Rolle in einem verteilten System und maskiert die Existenz von Kopien einer Ressource, die bspw. angelegt wurden um die Performanz zu steigern, vor dem Benutzer.

Nebenläufigkeitstransparenz ermöglicht die gleichzeitige Verwendung einer Ressource durch mehrere Benutzer, ohne dass diese Kenntnis darüber besitzen oder das Ergebnis der Ausführung dadurch beeinflusst wird.

Fehlertransparenz ist gegeben, wenn mögliche Soft- oder Hardwarefehler vor dem Benutzer verborgen bleiben und diese durch eine entsprechende Kompensation des Systems hiervon nichts bemerken.

Persistenztransparenz lässt Ressourcen für den Benutzer immer zugänglich/verfügbar erscheinen, unabhängig davon, wie diese tatsächlich verwaltet werden.

In welcher Form diese Transparenz-Eigenschaften umgesetzt werden und ob es stets sinnvoll ist, sämtliche Aspekte der Verteilung vor dem Benutzer zu verbergen, kann je nach Zielsetzung und Anforderung unterschiedlich beantwortet werden. So lässt sich bspw. die Replikation einzelner Daten nur schwer vor dem Benutzer verbergen, wenn seine Daten über ein Länder übergreifendes Netzwerk verteilt sind (bspw. mittels Wide Area Network (WAN)) und zu jeder Zeit konsistent sein müssen, so dass jede Veränderung der Daten zu einer anschließenden Aktualisierung oder Invalidierung der dazugehörigen Replikate führen, so dass u.U. darauf folgende Operationen um mehrere Sekunden verzögert werden und damit nicht unbemerkt bleiben. Die Erfüllung der Transparenz-Eigenschaften steht also i.d.R. im Zusammenhang mit unterschiedlichen Gesichtspunkten (wie bspw. die gegebenen Hardware-Eigenschaften) und ist damit stets ein Kompromiss zwischen realisierter Transparenz und potentiell erreichbarer Performanz [TS01].

2.1.2 Organisation verteilter Betriebsmittel

Vergleichbar mit einem traditionellen Betriebssystem [Tan01] dient auch ein verteiltes System in erster Linie als Verwalter für verteilte (Hardware-)Ressourcen, welches seinem Benutzer einen

2.1 Verteilte Systeme

entsprechenden Zugang für deren Nutzung bietet. Auf diese Weise können verschiedene Anwendungen bzw. Nutzer ihre Ressourcen (wie Speicher oder CPUs) teilen, um so bspw. die insgesamt verfügbare Rechenleistung oder Speicherkapazität zu erhöhen. In Abhängigkeit zu den Hardware-Anforderungen und der Implementierung lassen sich viele verteilte Systeme entweder den sog. Middleware-Systemen oder den verteilten Betriebssystemen zuordnen.

2.1.2.1 Middleware-Systeme

Im Gegensatz zu verteilten Betriebssystemen, auf welche im folgenden Abschnitt noch genauer eingegangen wird, setzen Middleware-Systeme auf bestehenden Betriebssystemen auf und erweitern diese um zusätzliche Funktionalität, um so bspw. bestimmte Anwendungen ausführen zu können (s.a. [TS01]). Sie bieten dem Nutzer hierbei üblicherweise neben einer vereinfachten Kommunikation (aufgesetzt auf der bekannten Rechnerkommunikation) auch eine einheitliche Schnittstelle auf den einzelnen Maschinen (auch Knoten genannt), welche dabei mit unterschiedlichen Betriebssystemen ausgerüstet sein können. Folglich dient ein Middleware-System als eine Art Verteilungsplattform für Anwendungen und verbindet so unterschiedliche Knoten mit unterschiedlichen Betriebssystemen auf einer höheren Ebene miteinander als dies die übliche Rechnerkommunikation ermöglicht, um Ressourcen gemeinsam nutzen zu können. Zu den bekannten Vertretern solcher Middleware-Systeme gehören bspw. .NET und CORBA [TS01], welche beide den plattformunabhängigen Datenaustausch zwischen mehreren Knoten erleichtern sollen.

2.1.2.2 Verteilte Betriebssysteme

Im Gegensatz zu den Middleware-Systemen oder ähnlichen Laufzeitumgebungen, welche auf Basis bestehender Betriebssysteme und ihrer Bibliotheken von der physikalischen Verteilung mehrerer, miteinander vernetzter Maschinen abstrahieren und dem Nutzer entsprechende Schnittstellen zur Kommunikation zur Verfügung stellen, bieten verteilte Betriebssysteme (s.a. [TS01]) eine einheitliche Verwaltung verteilter Hardware-Ressourcen. Jeder Knoten besitzt seinen eigenen Betriebssystemkern, welcher nicht nur seine lokalen Ressourcen (wie bspw. CPU, Speicher, Netzwerk, usw.) verwaltet, sondern darauf aufbauend auch eine einheitliche Software-Schnittstelle bietet, welche von der physikalischen Hardware und dem Zusammenschluss mehrerer Maschinen abstrahieren kann und idealerweise als eine Art virtuelle Maschine die Ausführung paralleler und verteilter Anwendungen in einer für den Nutzer transparenten Art und Weise unterstützt. Eine solches System, welches existierende Rechnergrenzen vor Benutzer und seinen Anwendun-

2 Grundlagen

gen verbirgt und dabei auf jedem Knoten einheitliche Schnittstellen sowie Funktionen anbietet, wird auch als Single System Image (SSI) [BCJ01][Buy97] bezeichnet und lässt sich mit einem verteilten Betriebssystem i.d.R. einfacher realisieren, als es mit oben genannten Systemen möglich ist, bei denen sich u.U. einzelne Bibliotheken oder Laufzeitstrukturen nur schwer oder gar nicht anpassen lassen [Fre06].

2.1.3 Kommunikationsformen

Die einfachste und traditionelle Art der Kommunikation besteht im direkten Austausch von einzelnen Nachrichten, weil hierfür bereits bestehende Kommunikationsprotokolle, die den physikalischen Nachrichtenaustausch von Knoten zu Knoten ermöglichen, verwendet werden können. Allerdings wirkt sich diese Vorgehensweise auch auf das Programmiermodell und damit auch auf die Anwendungen aus, weil der Programmierer zu übertragende Daten erst umständlich in Nachrichten verpacken muss, bevor diese auf dem Netzwerk übertragen werden können. Um diesen Vorgang der expliziten/manuellen Erstellung von Nachrichten für den Programmierer zu vereinfachen und seinen Aufwand zu verringern, wurden die Konzepte des entfernten Prozedur- oder Methoden-Aufrufs (Remote Procedure Call (RPC), Remote Method Invocation (RMI)) entwickelt. Hierbei übernehmen meist spezielle Bibliotheken bzw. automatisch generierte Stellvertreter-Prozeduren/-Methoden die Abwicklung des Nachrichtenaustauschs und entlasten so den Programmierer durch einen vereinfachten Zugang zu entfernten Ressourcen.

Einen vollkommen anderen Ansatz verfolgen verteilte Systeme, die ihrem Benutzer keine explizit nutzbaren Schnittstellen zur Kommunikation anbieten, sondern mit Hilfe der Virtualisierung des Speichers von der physikalischen Verteilung abstrahieren. Solche Distributed Shared Memory (DSM) Systeme bieten ihren Benutzern sowie seinen Anwendungen einen gemeinsamen logischen Speicher (auch Verteilter Virtueller Speicher (VVS) genannt), der sich über alle beteiligten Rechner erstreckt und damit die Verteilung des physikalischen Speichers der miteinander vernetzten Maschinen vor dem Nutzer verbirgt.

2.1.4 Systeme mit verteilten virtuellen Speicher

Das Konzept eines VVS führt zurück auf die Ansätze von Abramson und Keedy [AK85] sowie auf die Arbeiten von Li und Hudak [LH86]. Hierbei arbeiten Anwendungsprogramme auf einem gemeinsamen logischen Speicher, der sich physikalisch über alle beteiligten Knoten im Netzwerk (auch Cluster genannt) erstreckt. Infolgedessen unterscheidet sich der Zugriff auf den VVS innerhalb des Clusters aus Sicht der Anwendung nicht von einem Zugriff auf lokalen Speicher. Wenn eine Anwendung Daten für eine andere bereitstellen möchte, dann legt sie diese einfach im VVS ab. Das System sorgt bei jedem Zugriff auf den logischen Adressraum dafür, dass die korrespondierenden Speicherseiten bei dem jeweiligen Knoten auch physikalisch verfügbar sind und ggf. zuvor von einem anderen Knoten über das Netzwerk übertragen werden, ähnlich zu der Verwaltung des logischen Speichers mit Hilfe eines Hintergrundspeichers. Im Hinblick auf ihre Umsetzung können DSM-Systeme in drei unterschiedliche Klassen unterteilt werden [TS01][Goe05], deren Merkmale kurz vorgestellt werden sollen.

Hardwarebasierte DSM-Systeme bieten bereits durch die verwendete Hardware einen VVS und benötigen somit keine zusätzliche Software für dessen Umsetzung. Mit Hilfe von Multiprozessorsystemen lässt sich ein solches System leicht realisieren, weil hier bereits der physikalische Speicher von den einzelnen Prozessoren, die durch einen internen Bus miteinander verbunden sind, gemeinsam genutzt wird. Dabei Regelt eine entsprechende Arbitrierungslogik Zugriffe auf den Bus und infolgedessen auch auf den gemeinsamen Speicher, wobei die Korrektheit des Speicherinhalts oftmals mit Hilfe von sog. Snooping- und Cachekohärenzprotokollen (wie bspw. dem MESI-Protokoll) sichergestellt wird. Aufgrund der physikalischen Eigenschaften handelt es sich bei solch einem System nicht um ein verteiltes System im Sinne der Definition aus Kapitel 2.1.1, weshalb hardwarebasierte DSM-Systeme hier nicht weiter berücksichtigt werden.

Betriebssystembasierte DSM-Systeme realisieren den VVS durch eine softwaremäßige Nachbildung des gemeinsamen Speichers mit Hilfe des Betriebssystems. Hierbei werden dieselben Mechanismen eingesetzt, wie sie aus von der virtuellen Speicherverwaltung eines Einzelplatzsystems bekannt sind. Zugriffe auf nicht vorhandene Speicherseiten werden wie gewohnt von der Hardware abgefangen und mittels Pagefault dem Betriebssystem gemeldet. Im Gegensatz zu der üblichen Verfahrensweise, kann die benötigte Seite nicht nur auf einer Festplatte gesucht werden, sondern auch über das Netzwerk von einem anderen Knoten angefordert werden. Auf diese Weise entsteht der Eindruck eines großen Speichers, der sich über alle Knoten erstreckt. Im Vergleich zu einem hardwarebasierten DSM-System wird die Zugriffsgranularität eines betriebssystembasierten Ansatzes durch die Gegebenheiten der Speicherverwaltung und der ihr zugrunde liegenden Hardware bestimmt, welche üblicherweise mit Speicherseiten der Größe von vier Kilobytes bis vier Megabytes arbeitet. Neben den unterschiedlichen Zugriffszeiten, begründet durch lokal oder entfernt gespeicherte Seiten, besteht bei dieser Form der Realisierung noch die Gefahr des sog. False-Sharing [BS93], bei dem eine Seite ständig zwischen mehreren Knoten übertragen wird, obwohl diese jeweils auf unterschiedlichen Daten arbeiten, welche sich

2 Grundlagen

aber auf derselben Seite befinden. Zu den bekannten Vertretern solcher Systeme gehören u.a. Mirage [FP89], Ivy [LH86], TreadMarks [KCDZ94], Plurix [GSFS04] sowie Rainbow OS.

Objektbasierte DSM-Systeme gehen auf den Grundgedanken der objektorientierten Programmierung zurück, bei dem der Zugriff auf Daten nie direkt erfolgt, sondern stets mittels entsprechenden Methoden [TS01]. Diese Methoden lassen sich nun leicht modifizieren, so dass bei jedem Zugriff auf das Objekt geprüft werden kann, ob es sich lokal auf dem zugreifenden Knoten befindet oder nicht. Befindet sich das Objekt beim Zugriff auf einem entfernten Knoten, so wird es zunächst von diesem angefordert, bevor der eigentliche Zugriff durchgeführt werden kann. Dementsprechend muss vor jedem Objektzugriff das Vorhandensein des betroffenen Objekt geprüft werden, was stets einen Zugriff über entsprechende Methoden voraussetzt und somit ein direktes Lesen oder Schreiben einzelner Objektfelder durch die Umgehung der entsprechenden Zugriffsmethoden auszuschließen ist. Im Gegensatz zu betriebssystembasierten DSM-Systemen bieten objektbasierte allerdings eine feinere Granularität sowie eine höhere Flexibilität beim Abfangen einzelner Objektzugriffe, so dass sich bspw. auch Zugriffe auf Teilobjekte erkennen lassen, wenn dies durch die verwendete Programmiersprache und Laufzeitumgebung möglich ist. Beispiele für objektbasierte DSM-Systeme sind u.a. Munin [Car95], Midway [BZS93], Orca [BBH+98] und Clouds [DLAR91].

Unabhängig von der Klassifikation eines DSM-Systems lässt sich das Zugriffsmuster seiner Anwendungen i.d.R. nicht vorhersagen, so dass im Vergleich zu Systemen, die spezielle Routinen für die Kommunikation anbieten und verwenden (s.a. Kapitel 2.1.3), Daten nicht im Voraus angefordert werden können, um so ihre Zugriffszeiten zu optimieren.

2.2 Umfeld dieser Arbeit

Diese Arbeit entstand im Rahmen des verteilten Betriebssystems Rainbow OS, welches sich neben den bereits in Kapitel 1.1 genannten Eigenschaften durch einige Besonderheiten auszeichnet, die in den folgenden Abschnitten kurz vorgestellt werden.

2.2.1 64 Bit Multiprozessor Cluster Architektur

Rainbow OS wurde für die aktuelle Generation von 64 Bit Prozessoren entwickelt, die gegenüber den 32 Bit Prozessoren der Vergangenheit nicht nur leistungsfähiger bei der Instruktionsausführung sind, sondern auch eine doppelt so breite Speicheranbindung bieten. Infolgedessen erhöht sich die maximal nutzbare Speicherkapazität im Vergleich zu früheren Prozessor-Generationen um ein Vielfaches, so dass auch der logische Adressraum nicht mehr nur auf vier Gigabytes beschränkt ist, sondern nun maximal 2048 Petabytes umfassen kann und damit im Zusammenhang eines Cluster-Systems die mögliche Kapazität des VVS immens steigert. Tatsächlich unterstützen die üblichen 64 Bit Prozessoren von Standard-PCs eine solche Speicherkapazität derzeit weder logisch noch physikalisch in diesem Umfang und beschränken die nutzbare Adressierung auf bspw. 48 Bit. Eine solche Größe des logischen Adressraums impliziert i.d.R. auch größere Verwaltungsstrukturen im Zusammenhang mit der Adressübersetzung, so dass bspw. einige wenige Megabytes nicht mehr ausreichend sind, um sämtliche Adressübersetzungstabellen im Hauptspeicher zu verwalten und die benötigten Tabellen zur Adressübersetzung üblicherweise dynamisch organisiert werden müssen.

Neben diesen Neuerungen im Bereich der Prozessorarchitektur und der Speicherkapazität besitzen viele der aktuellen 64 Bit Prozessoren mehr als nur eine Ausführungseinheit für die Bearbeitung ihrer Aufgaben. Solche Mehrkernprozessoren[1] ermöglichen demzufolge eine parallele Ausführung mehrerer Instruktionen, so dass ihre Gesamtleistung typischerweise über der eines herkömmlichen Prozessors liegt. Infolgedessen unterstützt auch Rainbow OS solche Mehrkernprozessoren und verfolgt dabei das Ziel, die einzelnen Kerne eines Prozessors als logisch separate Knoten im Cluster zugänglich zu machen, so dass im Fall eines Mehrkernprozessors nicht die entsprechende Maschine als ein Knoten im Cluster erscheint, sondern jeweils jeder ihrer Kerne. Auf diese Weise lassen sich die Vorteile eines Mehrkernprozessors nicht nur innerhalb eines Rechners nutzen, der einzelne Kerne gezielt für Verwaltungsaufgaben oder ähnliches nutzen könnte, sondern auch innerhalb des Clusters. In Anbetracht dieser Sichtbarkeit für den Cluster ist eine differenzierte Behandlung von Ein- und Mehrkernprozessoren im Rahmen dieser Arbeit nicht notwendig.

---

[1] engl. Multicore Processors

2 Grundlagen

2.2.2 Programmiersprache

Motiviert durch die Forschungsergebnisse und die Erfahrungen vorangegangener Projekte (wie bspw. [WG92][GSFS04]) sowie die hohe Akzeptanz wurde für die Entwicklung von Rainbow OS die Programmiersprache Java verwendet. Java bewahrt durch seine Typsicherheit und objektorientierte Nutzung nicht nur den gesamten Speicherinhalt vor folgenreichen Programmierfehlern, wie bspw. fehlerhafte Speicher- oder Adressarithmetik, sondern verhindert zudem auch eine direkte Manipulation von Zeigern, so dass einzelne Objekte und damit auch Daten stets durch ein kontrolliertes Weitergeben von Referenzen vor ungewollten Zugriffen geschützt werden können. Infolgedessen ermöglicht Java auch den Aufbau eines sicheren Systems, ohne eine Trennung von Anwendungen und Systemkern sowie Anwendungen untereinander [WG92]. Neben dem Schutz der Systemintegrität bietet solch eine typsichere und objektorientierte Programmiersprache auch eine geeignete Basis für eine automatisiert durchgeführte Freispeichersammlung oder die Reorganisation des Speichers zur Laufzeit [SGF$^+$06].

2.2.3 Compiler

Im Gegensatz zu der Verwendung einer Virtuellen Maschine, welche üblicherweise den Bytecode (maschinenunabhängige Zwischensprache) eines Java-Compilers zur Laufzeit interpretiert, verwendet Rainbow OS aus Geschwindigkeitsgründen den sog. Small Java Compiler (SJC) [Fre], mit dem eine Interpretation von Bytecode zum Zeitpunkt der Ausführung nicht erforderlich ist. Der SJC ist ein schlanker sowie effizienter Compiler, welcher Java-Code direkt in nativen Code für verschiedene Hardware-Architekturen (8, 16, 32 und 64 Bit Prozessoren) übersetzen kann. Im Gegensatz zu der bekannten Sandbox-Eigenschaft einer Virtuellen Maschine, in der ein Programm seine ausführende Umgebung nicht verlassen kann, bietet der Compiler dem Programmierer eine Spracherweiterung in Form einer speziellen „MAGIC" Klasse an, um so auch innerhalb von Java direkt auf die Hardware zugreifen zu können. Für diesen Zweck enthält diese Klasse Methoden, die sowohl Zugriffe auf Geräteregister und den Hauptspeicher als auch eine Einbettung von Maschineninstruktionen in den üblichen Java-Code ermöglichen. Allerdings lässt sich damit auch die Typsicherheit des Systems aufbrechen, so dass die Verwendung dieser Klasse nur entsprechend privilegierten Systemprogrammen/-programmierern zur Verfügung stehen sollte, um eine Gefährdung des Systems und Missbrauch zu vermeiden.

Neben der Übersetzung von Java-Code bietet der SJC auch eine ganze Werkzeugkette, mit deren Verwendung neben bootfähigen auch ausführbare Dateien für Linux oder Microsoft Systeme erstellt werden können. Zudem ist die interne Struktur des SJC so gewählt, dass dieser leicht erweitert werden kann und damit sowohl eine neue Sprache zur Übersetzung als auch ein zusätzlicher Code-Generator für eine neue Hardware-Architektur problemlos integriert werden können.

Der SJC selbst ist vollständig in Java geschrieben, so dass er sich bei Bedarf nicht nur selbst übersetzen kann, sondern sich auch in Rainbow OS integrieren lässt. Auf diese Weise kann Rainbow OS während des Betriebs nicht nur um neue Funktionalität erweitert werden, sondern ist durch die Integration des Compilers bei Bedarf auch anpassbar.

2.2.4 Persistenz

Im Hinblick auf die Aufgaben eines Betriebssystems bezeichnet der Begriff der Persistenz üblicherweise die Fähigkeit, Daten auf einem dauerhaften, nichtflüchtigen Speichermedium zu speichern, so dass sie auch die Ausführungsdauer der erzeugenden Programme überleben können. Typischerweise geschieht dies durch die Verwendung von Dateisystemen oder Datenbanken, die dem Benutzer vom System bereitgestellt werden und die Daten in Form von Dateien bzw. in serialisierter Form speichern.

Wie einige andere Systeme verzichtet auch Rainbow OS auf ein Dateisystem und gewährleistet die Persistenz der Daten, unabhängig von den gegebenen Objektstrukturen, durch die Sicherung ganzer Speicherseiten[2]. In Rainbow OS übernimmt diese Aufgabe ein dedizierter Knoten, der sog. Pageserver [GKWH10], welcher periodisch alle Seiten des VVS auf einem permanenten Datenträger speichert und damit unabhängig von den Strukturen im VVS die Persistenz gewährleistet. Weitere Informationen über die relevanten Eigenschaften sowie Funktionen des Pageservers im Zusammenhang mit dieser Arbeit werden in Kapitel 5.7.2 näher vorgestellt.

---

[2]Diese Form der Sicherung wird auch als orthogonale Persistenz bezeichnet [Fre06].

2 Grundlagen

3 Multikonsistente Speicherstrukturen

3.1 Konsistenzbegriff

Die Erzeugung und Verwaltung mehrerer Kopien von ein und demselben Objekt oder Datum gehört oftmals zu den grundlegenden Aufgaben in einem verteilten System und lässt sich unter den Begriff der Datenreplikation zusammenfassen [TS01]. Die Gründe für eine Replikation können vielfältig und unterschiedlich motiviert sein, um bspw. die Performanz in einem verteiltem System zu steigern, eine gewisse Ausfallsicherheit zu gewährleisten oder um generell die Verfügbarkeit der Daten zu erhöhen. Gleichzeitig sollte die Datenreplikation für den Benutzer möglichst unsichtbar verlaufen, so dass dieser lediglich seine gewohnten Schnittstellen nutzen kann, ohne sich hierbei explizit um die Replikation seiner Daten kümmern zu müssen. Während dies auf einer einzelnen Maschine mit mehreren Prozessoren und einem gemeinsam genutzten Speicher noch relativ leicht umzusetzen ist, gestaltete sich der Erhalt dieser Transparenz seit dem Aufkommen physikalisch verteilter Rechnersysteme zunehmend komplizierter und vielfältiger. Infolgedessen wurde die Transparenz der Datenreplikation teilweise aufgegeben und in den Verantwortungsbereich des Programmierers verlagert, wie bspw. auch bei der Entwicklung einiger DSM-Systeme. Ein DSM-System bietet dem Benutzer eine vergleichbare Sicht auf den physikalisch verteilten Speicher, wie dies bei einem Mehrprozessorsystem mit physikalisch gemeinsamen Speicher der Fall ist. Demzufolge lässt sich ein parallel ausführbares Programm, welches für ein Mehrprozessorsystem geschrieben wurde, oftmals leicht auf ein DSM-System portieren, welches Zugriffe auf den gemeinsamen Speicher mittels Software realisiert. Aufgrund der notwendigen Kommunikation zwischen den miteinander vernetzten Maschinen und den damit verbundenen Übertragungszeiten nutzen viele DSM-Systeme Datenreplikation um die Performanz zu steigern und verzichten dafür teilweise auch auf eine sofortige Aktualisierung gegebener Kopien nach einer Schreiboperation. Demzufolge verhält sich ein parallel ausgeführtes Programm mit veralteten (inkonsistenten) Kopien nicht mehr so, wie es in einem Mehrprozessorsystem der Fall war, womit auch die Transparenz für den Programmierer nicht mehr gewährleistet ist, weil sich dieser nun mit der Replikation seiner Daten und den damit verbundenen Konsequenzen aus-

3 Multikonsistente Speicherstrukturen

einandersetzen muss. In Anbetracht dieser Umstände benötigt der Programmierer zusätzliche Informationen, die das zu erwartende Verhalten des zugrunde liegenden DSM-Systems näher spezifizieren. Eine solche Spezifikation wird im Kontext eines verteilten Systems mit gemeinsam genutzten Speicher üblicherweise Konsistenzmodell genannt, welches also die Konsistenz(-Eigenschaften) der verwalteten Daten(-Replikate) und die korrespondierende Verhaltensweise bei Speicherzugriffen im System beschreibt. Verhält sich ein parallel ausgeführtes Programm in einem DSM-System genauso wie in einem physikalisch gemeinsamen Speicher, so entspricht das verwendete Konsistenzmodell der von Lamport definierten Sequentiellen Konsistenz (s.u.), die stets eine transparente Datenreplikation gewährleistet. Im Gegensatz dazu bieten schwächere Konsistenzmodelle üblicherweise keine transparente Datenreplikation, so dass dies vom Entwickler und seinem verteilt ausgeführten Programm angemessen zu berücksichtigen ist.

In der Literatur findet sich eine große Anzahl unterschiedlicher Systeme mit den unterschiedlichsten Konsistenzmodellen [Esk96], welche allerdings schwer zu überschauen sind, weil einerseits die Klassifizierung der unterschiedlichen Konsistenzmodelle teilweise unklar oder nur schwer nachvollziehbar ist und andererseits die verwendete Terminologie nicht eindeutig oder manchmal sogar widersprüchlich ist.

3.2 Traditionelle Konsistenzmodelle

Ein Konsistenzmodell ist prinzipiell ein Vertrag zwischen ausgeführten Aktivitätsträgern und ihrem Datenspeicher in einem System, der bestimmte Regeln und Eigenschaften vorgibt, wie sich Speicherzugriffe auf den Speicher auswirken. Das Konsistenzmodell spezifiziert also die Konsistenz der Daten im Datenspeicher, so dass Aktivitätsträger während ihrer Ausführung wissen, ob ein Lesezugriff bspw. immer den zuletzt geschriebenen Wert liefert oder ob Schreibzugriffe vielleicht erst gepuffert werden und damit manch Speicherinhalte bis zum Zeitpunkt ihrer Aktualisierung veraltet sein können.

Eine erste Klassifikation von Konsistenzmodellen wurde von Mosberger eingeführt [Mos93]. Er betrachtete hierbei im Besonderen die Eigenschaften schwacher Konsistenzmodelle und untersuchte insbesondere ihre Einflüsse auf das Programmiermodell, Compiler sowie das Laufzeitsystem und dessen Design. Aus seiner Arbeit lässt sich folgern, dass sich mit Verwendung schwächerer Konsistenzmodelle die Leistungsfähigkeit innerhalb eines verteilten Systems deutlich steigern lässt, wenn eine schwächere Konsistenz der verteilt genutzten Daten tolerierbar ist. Umso strenger das Konsistenzmodell, desto eingeschränkter sind die Optimierungsmöglich-

3.2 Traditionelle Konsistenzmodelle

keiten hinsichtlich der erreichbaren Performanz, weil bspw. eine hohe Kommunikation über das Netzwerk zwingend erforderlich wird und damit auch Übertragungszeiten zu berücksichtigen sind. Andererseits impliziert eine Abschwächung der zugrunde liegenden Konsistenz oftmals auch ein komplexeres Programmiermodell, welches den Benutzer u.U. sogar in seinen Möglichkeiten einschränken kann, wenn dieser bspw. explizit auf die Aktualität seiner Daten zu achten hat. Aufgrund dieser Gesichtspunkte ist die Wahl eines adäquaten Konsistenzmodells nicht nur ein Kompromiss zwischen diversen Restriktionen hinsichtlich Speicherzugriffen und der damit verbundenen Komplexität im Programmiermodell, sondern auch in Bezug auf die erreichbare Performanz von verteilt sowie parallel arbeitenden Anwendungen.

Wie bereits erwähnt finden sich in der Literatur viele verschiedene Konsistenzmodelle, die teilweise nur schwer voneinander zu unterscheiden sind oder nur unzureichend spezifiziert wurden, so dass ein konkreter Vergleich sehr schwer fällt. Eine nähere Betrachtung zeigt allerdings, dass sich eine Vielzahl der Konsistenzmodelle auf ein paar wenige bekannte reduzieren lassen und die Unterschiede lediglich in kleinen Details oder der Namensgebung liegen. Im Folgenden werden deshalb die bekanntesten Konsistenzmodelle kurz vorgestellt, ohne dabei auf ihre formale Definition oder Beschreibung detailliert einzugehen.

Strikte Konsistenz (oder gelegentlich auch Atomare Konsistenz genannt) ist die strengste Form der Konsistenz und entspricht üblicherweise den Gegebenheiten in einem lokalen System [HA90]. Sie lässt sich durch folgende Bedingung definieren: Ein Lesezugriff auf ein Datum x liefert stets den zuletzt geschriebenen Wert von x. Die Bedingung „zuletzt geschrieben" setzt demzufolge die Existenz einer global einheitlichen Zeit voraus, die in einem verteilten System einen globalen Takt erfordert, mit dem sämtliche Operationen synchronisiert werden können. Das Problem hierbei ist, dass es in einem verteilten System üblicherweise unmöglich ist, sämtliche Operationen mit einem Zeitstempel zu synchronisieren [Lam78]. Auch eine Abschwächung in Form einer diskretisierten Betrachtung der Zeit (bspw. in Form von Zeitintervallen) löst diese Problematik für gewöhnlich nicht, weshalb die Strikte Konsistenz meist nur als Basis für theoretische Überlegungen oder zum Vergleich genutzt wird.

3 Multikonsistente Speicherstrukturen

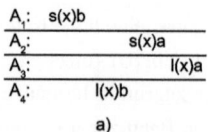
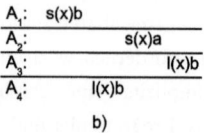

Abbildung 3.1: Alle vier Aktivitätsträger greifen entweder lesend (l) oder schreiben (s) auf ein Datum x zu (s(x)a bedeutet a wird in x geschrieben; l(x)a bedeutet a wird aus x gelesen). Speicherzugriffe in a) entsprechen einem strikt konsistenten Speicher, in b) hingegen nicht. (Zeitlicher Ablauf von links beginnend.)

Sequentielle Konsistenz ist eine etwas abgeschwächte Form der Konsistenz und wurde erstmals von Lamport im Zusammenhang mit Multiprozessoren definiert [Lam79]. Im Gegensatz zur Strikten Konsistenz lockert sie die Forderung einer global einheitlichen Zeit und lässt sich wie folgt definieren: Alle Speicherzugriffe werden in einer beliebigen, aber für alle Prozesse einheitlichen Reihenfolge wahrgenommen, wobei die durch einen Prozess definierte Anordnung seiner Operationen unverändert bleibt. Demzufolge ist jede Permutation von Speicherzugriffen zulässig, sofern sie von allen Prozessen in der gleichen Sequenz wahrgenommen werden und die Operationen eines Prozesses in ihrer definierten Reihenfolge ausgeführt werden, ohne dass dabei eine globale Zeit zur Synchronisation benötigt wird. Die Sequentielle Konsistenz ist damit das strengste Konsistenzmodell, das sich in einem verteilten System sinnvoll umsetzen lässt. So verhält sich bspw. ein parallel ausgeführtes Programm in einem verteilten System mit gemeinsam genutzten und sequentiell konsistenten Speicher genauso, wie in einem physikalisch gemeinsam genutzten Speicher.

Abbildung 3.2: Der Speicher in a) ist sequentiell, aber nicht strikt konsistent, wohingegen er in b) weder strikt, noch sequentiell konsistent ist.

Kausale Konsistenz erstmals eingeführt von Hutto und Ahamad [HA90], ist eine Abschwächung der Sequentiellen Konsistenz, bei der zwischen voneinander abhängigen Operationen und solchen ohne Abhängigkeiten unterschieden wird. Lamport definierte im Zusammenhang solcher Abhängigkeiten den Begriff der potentiellen/kausalen Abhängigkeit [Lam78], um den Informationsfluss in einem verteilten System zu erfassen. Ausgehend von den potentiellen Abhängigkeiten lässt sich die Kausale Konsistenz wie folgt definieren:

3.2 Traditionelle Konsistenzmodelle

Speicherzugriffe, die kausal voneinander abhängig sind, müssen von allen in der gleichen Reihenfolge gesehen werden. Nebenläufige Operationen, die kausal unabhängig voneinander sind, können in unterschiedlicher Anordnung wahrgenommen werden. Demzufolge ist für die Implementierung von einem kausal konsistenten Speicher die Erzeugung sowie Verwaltung von Abhängigkeits-/Datenflussgraphen notwendig, um bspw. mit Hilfe von logischen Lamport-Uhren [Lam78] oder Vektoruhren voneinander abhängige Operationen ordnen zu können.

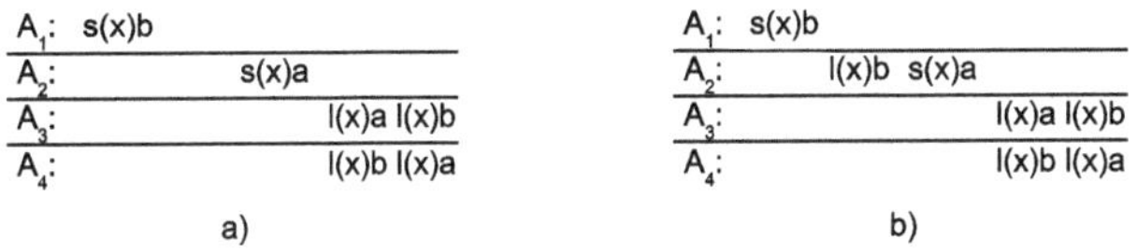

A_1:	s(x)b			A_1:	s(x)b		
A_2:		s(x)a		A_2:		l(x)b s(x)a	
A_3:			l(x)a l(x)b	A_3:			l(x)a l(x)b
A_4:			l(x)b l(x)a	A_4:			l(x)b l(x)a
		a)				b)	

Abbildung 3.3: In a) existieren keine Abhängigkeiten, so dass der Speicher kausal konsistent ist. In b) gilt: Der Schreibzugriff von A_2 ist abhängig von dem zuvor von A_1 ausgeführten, so dass b) kein kausal konsistenter Speicher ist.

PRAM-Konsistenz (Pipelined RAM-Konsistenz oder auch FIFO[3] Konsistenz genannt) ist eine weitere Abschwächung der Konsistenz mit dem Ziel, Schreib- sowie Lesezugriffe möglichst konstant schnell ausführen zu können, indem sie zunächst auf einer lokalen Kopie ausgeführt werden und Änderungen erst später propagiert werden [LS88]. Aufgrund dieser Zielsetzungen kann die PRAM-Konsistenz wie folgt definiert werden: Schreiboperationen eines Prozesses werden von allen anderen Prozessen in derselben Reihenfolge gesehen. Schreiboperationen von verschiedenen Prozessen können dabei aber in unterschiedlicher Reihenfolge wahrgenommen werden. In Anbetracht dieser Definition ist ein vollständig nebenläufiges Lesen sowie Schreiben im Speicher leicht umzusetzen und notwendige Aktualisierungen können asynchron verschickt und beim Empfänger gemäß ihrer Reihenfolge sortiert („pipelined") werden. Die kausalen Abhängigkeiten von einzelnen Speicherzugriffen unterschiedlicher Prozesse sind bei diesem Konsistenzmodell ohne Bedeutung und bleiben unberücksichtigt.

---

[3]engl. FirstInFirstOut

3 Multikonsistente Speicherstrukturen

A_1:	s(x)b
A_2:	l(x)b s(x)a s(x)c
A_3:	l(x)b l(x)a l(x)c
A_4:	l(x)a l(x)b l(x)c

a)

A_1:	s(x)b
A_2:	l(x)b s(x)a s(x)c
A_3:	l(x)b l(x)a l(x)c
A_4:	l(x)c l(x)b l(x)a

b)

Abbildung 3.4: Der Speicher von a) ist PRAM-konsistent, aber nicht strikt, sequentiell oder kausal konsistent. b) zeigt einen Speicher, der nicht PRAM-konsistent ist.

Schwache Konsistenz bietet lediglich in bestimmten Situationen eine konsistente Sicht auf den Speicherinhalt, was insbesondere dann von Vorteil ist, wenn Prozesse diese nur gelegentlich benötigen, weil sie bspw. in den meisten Fällen mit unterschiedlichen Speicherinhalten arbeiten. Der Grundgedanke dieses Konsistenzmodells ist es, mehrere Operationen zusammenzufassen und den Speicher erst bei Bedarf explizit zu synchronisieren, um einerseits bei einem darauf folgenden Lesezugriff den aktuellsten Wert zu erhalten und andererseits wichtige Änderungen nach einem Schreibzugriff zu propagieren. Steuern lässt sich dies mit Hilfe von sog. Synchronisationsvariablen, so dass bei der Schwachen Konsistenz zwischen normalen Variablen und Synchronisationsvariablen unterschieden wird. Ein Speicher ist schwach konsistent, wenn der Zugriff auf Synchronisationsvariablen sequentiell konsistent ist und erst gestattet wird, wenn alle vorangegangen Schreiboperationen beendet sind. Zudem müssen alle vorherigen Zugriffe auf Synchronisationsvariablen abgeschlossen sein, bevor normale Variablen zugreifbar sind [DSB86]. Die Synchronisation mittels Synchronisationsvariablen erzwingt also eine Aktualisierung der modifizierten Werte im Speicher. Wenn ein Prozess seine Schreibzugriffe für andere sichtbar machen möchte, muss er entsprechend synchronisieren. Auch ein Zugriff auf die aktuellsten Werte erfordert ebenfalls eine Synchronisation, da andernfalls bereits veraltete Werte gelesen werden können.

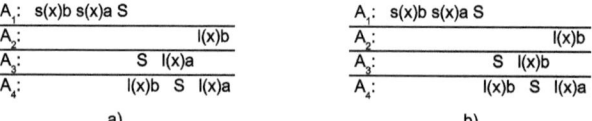

Abbildung 3.5: Durch die Synchronisation (S) ist der Speicher in a) schwach konsistent, im Gegensatz zu b), bei dem der Speicher nicht schwach konsistent ist.

Eine etwas andere Vorgehensweise zur systematischen Klassifikation von Konsistenzmodellen wurde von Kindler vorgeschlagen. Schwerpunkt seiner Arbeit [Kin00] ist die systematische Spezifikation und Verifikation von Konsistenzprotokollen mit Hilfe einer Klassifikation, die mit sechs voneinander unabhängigen Aspekten eine Beschreibung von Konsistenzmodellen erlaubt.

Er definierte in diesem Zusammenhang den Begriff des Konsistenzmodells wie folgt: „Ein Konsistenzmodell ist eine beliebige Teilmenge von Abläufen". Welche Menge von Abläufen letztendlich zu einem sinnvollen Konsistenzmodell führt und wie dieses syntaktisch beschrieben werden kann, ist ein wesentlicher Bestandteil seiner Arbeit. Weiterhin stellt Kindler in seiner Arbeit auch verschiedene Techniken zur Spezifikation und Verifikation von Konsistenzprotokollen vor, deren Korrektheit durch das jeweilige Konsistenzmodell spezifiziert werden kann. Mit Hilfe eines Konsistenzmodells werden also auf eine abstrakte Art und Weise die zulässigen Abläufe eines parallelen Programms beschrieben, wenn es von einem bestimmten Konsistenzprotokoll ausgeführt wird. Folglich ist ein Konsistenzprotokoll eine konkrete Implementierung von dem korrespondierenden Konsistenzmodell und seiner Eigenschaften bzw. Anforderungen.

3.3 Motivierung multikonsistenter Systeme

Verteilte sowie DSM-Systeme im Besonderen implementieren für gewöhnlich nur ein einzelnes Protokoll, um die Konsistenz ihrer verteilt und gemeinsam genutzten Daten (sowie deren Replikate) zu gewährleisten. Je nach Design und verwendeter Systemarchitektur unterscheiden sich die verwendeten Konsistenzmodelle und deren Protokolle, so dass durch sie bspw. ein physikalisch gemeinsamer Speicher emuliert wird oder Programme spezielle Schnittstellen für den Zugriff auf gemeinsam genutzte Daten zur Verfügung stehen. Aus diesem Grund behandeln solche Systeme ihre verteilten sowie gemeinsam genutzten Daten stets einheitlich, entsprechend den Vorgaben des zugrunde liegenden Konsistenzprotokolls. Dieser Umstand kann allerdings dazu führen, dass manche Programme effizient in einem System ausgeführt werden können und andere wiederum nicht, jeweils in Abhängigkeit zu der Art und Weise, wie sie während ihrer Ausführung auf ihre Daten zugreifen und welche Anforderungen hinsichtlich ihrer Konsistenz damit verbunden sind. Diese Eigenschaften und die Tatsache, dass nicht alle Programme in einem verteilten System identische Konsistenz-Anforderungen besitzen, führen zum Grundgedanken eines multikonsistenten Systems, welches dem Nutzer nicht nur ein einziges Konsistenzmodell bietet, sondern unterschiedliche, je nach Zugriffsmuster und den notwendigen Anforderungen, um so eine bestmögliche Performanz zu ermöglichen. Folglich bieten die in einem verteilten System parallel ausgeführten Anwendungen auch eine geeignete Ausgangsbasis, um typische Zugriffsmuster auf gemeinsam genutzten Daten ermitteln zu können, womit sich geeignete Konsistenzmodelle bestimmen lassen, die idealerweise vom System unterstützt werden sollten, um so eine möglichst effiziente Ausführung gewährleisten zu können. Unter diesen Gesichtspunkten ist ein einziges Konsistenzmodell für gewöhnlich nicht in der Lage, sämtliche Variationen möglicher Zugriffsmuster und die entsprechenden Anwendungen in optimaler Art und Weise

3 Multikonsistente Speicherstrukturen

zu bedienen. Infolgedessen bietet ein System, welches für die Konsistenz seine verteilten Datenstrukturen verschiedene Konsistenzmodelle zur Verfügung stellt, weitaus mehr Möglichkeiten um die Performanz verteilter und parallel ausgeführter Anwendungen zu optimieren, als dies mit nur einem einzigen Konsistenzmodell der Fall ist.

3.4 Multikonsistente Datenstrukturen

Ein wichtiges Ziel beim Design von hoch performanten DSM-Systemen ist es, die Kommunikation bzw. die Anzahl der Nachrichten, die über das Netzwerk übertragen werden müssen, zu reduzieren. Hierzu gehört nicht nur der Transfer von Daten, um gemeinsam genutzte Speicherinhalte zu verteilen, sondern eventuell auch weitere Kommunikation, welche u.a. die Konsistenz dieser Daten gewährleistet. Demzufolge hängt die mögliche Leistungsfähigkeit eines DSM-Systems zu gewissen Teilen auch immer von seinem zugrunde liegenden Konsistenzprotokoll ab, welches ausschlaggebend dafür ist, inwieweit Änderungen an den gemeinsam genutzten Daten propagiert oder synchronisiert werden müssen, um bspw. replizierte Daten zu aktualisieren. Ist hierbei das Zugriffsverhalten auf die verteilten und gemeinsam genutzten Daten bekannt, so lässt sich die notwendige Kommunikation zur Wahrung ihrer Konsistenz gezielt optimieren, weil bspw. nicht sämtliche Daten im Speicher sequentiell konsistent gehalten werden müssen, sondern u.U. auch einer schwächeren Konsistenz unterliegen können, die womöglich bedeutend weniger Kommunikation erfordert. Aufbauend auf diesen Erkenntnissen ist die Verwaltung der verteilt und gemeinsam genutzten Daten mit optimierten Konsistenzprotokollen, angepasst an das entsprechende Zugriffsverhalten, eine einfache Möglichkeit, um die Performanz ihrer korrespondierenden Aktivitätsträger zu verbessern. Anstelle eines einzigen bieten mehrere Konsistenzmodelle, optimiert für unterschiedliche Zugriffsmuster und Verhaltensweisen, also die Möglichkeit, Programme innerhalb eines verteilten Systems effizienter auszuführen.

Aufbauend auf einem verteilten System, welches nicht nur ein einziges Protokoll zur Sicherung der Konsistenz anbietet, können gemeinsam genutzte sowie verteilte Datenstrukturen mit unterschiedlicher Konsistenz verwaltet werden. Dies gilt idealerweise nicht nur selektiv für einzelne Aktivitätsträger, sondern auch für ihre verwendeten Daten, so dass diese unterschiedlichen Konsistenzmodellen unterliegen können (multikonsistente Daten). Infolgedessen können Entwickler ihre Programme nicht nur für eine bestimmtes Konsistenzmodell optimieren, sondern auch einzelne Funktionen gezielt auf die unterschiedlichen Konsistenzmodelle ihrer Datenstrukturen abstimmen, je nach gewünschter Verhaltensweise und gegebenem Zugriffsmuster. Auf der anderen Seite erfordert dies aber auch zusätzliches Verständnis durch den Entwickler, weil dieser auf eine korrekte Funktionsweise im Zusammenspiel verschiedener Datenstrukturen, welche sich unter der Kontrolle von unterschiedlichen Konsistenzmodellen befinden können, Rücksicht nehmen muss. So sollte ihm bspw. beim Design seiner Anwendung bewusst sein, dass Abhängigkeiten von schwach konsistenten Daten u.U. zu unterschiedlichen Resultaten im Programmablauf führen können. Weiterhin ist auch zu berücksichtigen, dass eine Abschwächung des Konsistenzmodells i.d.R. ein komplexeres Programmiermodell bewirkt, weil bspw. Daten

3 Multikonsistente Speicherstrukturen

explizit synchronisiert oder manuell aktualisiert und propagiert werden müssen. In Kombination mit unterschiedlichen Konsistenzmodellen ergeben sich also u.U. anders zu behandelnde Zusammenhänge zwischen den Datenstrukturen und ihren Funktionen, als es bei Verwendung eines einzelnen Konsistenzmodells der Fall wäre. Multikonsistente Datenstrukturen[4] eröffnen also nicht nur neue Möglichkeiten, um die Leistungsfähigkeit einzelner Programme und die des Systems zu erhöhen, sondern wirken sich ggf. auch auf das Programmiermodell und die Zusammenhänge von einzelnen Funktionen oder ganzen Programmen aus.

3.5 Architekturmerkmale multikonsistenter Systeme

Die Unterstützung einer Mehrzahl von diversen Konsistenzprotokollen innerhalb von einem verteilten System beeinflusst u.U. nicht nur einige seiner internen Komponenten sondern auch das Programmiermodell für den Entwickler sowie die vom System angebotenen Schnittstellen, mit deren Hilfe verteilte Anwendungen sowie ihre multikonsistenten Datenstrukturen realisiert werden können. Es ist also nicht ausreichend, wenn bspw. ein DSM-System verschiedene Konsistenzprotokolle implementiert, diese vom Programmierer aber nicht genutzt werden können, weil ihm hierfür keine oder nur unzureichende Möglichkeiten vom System zur Integration/Realisierung multikonsistenter Daten angeboten werden. In welcher Form der Benutzer multikonsistente Datenstrukturen implementieren und nutzen kann, ist i.d.R. von dem zugrunde liegenden System bzw. der gegebenen Laufzeitumgebung und dessen interne Struktur abhängig. So könnten Mechanismen der Vererbung oder die Implementierung spezieller Schnittstellen zur Definition der gewünschten Konsistenz dienen, mit denen sich bspw. ganze Kategorien von strukturierten Datentypen einem Konsistenzmodell zuordnen lassen, wenn dies im Rahmen der verwendeten Programmiersprache möglich ist. Eine weitere Möglichkeit bieten sog. Annotationen, mit deren Hilfe gezielt dedizierte Felder einer gewünschten Konsistenz zugeordnet werden können, wie dies bspw. auch in Munin [CBZ91] realisiert ist, welches als eines der ersten und wenigen verteilten Systeme seinem Nutzer vier verschiedene Konsistenzprotokolle anbietet.

Unabhängig von der Art, wie der Programmierer die Konsistenz seiner Datenstrukturen definieren kann, ist die Granularität, mit der die Konsistenzprotokolle des Systems Daten verwalten und austauschen, ein wichtiger Aspekt hinsichtlich den Konsistenz sichernden Mechanismen im System. Diese beeinflusst nicht nur die Organisation der Datenstrukturen im Speicher, insbesondere wenn bspw. Daten unterschiedlicher Konsistenz getrennt voneinander verwaltet werden,

---

[4]Jedes Datum unterliegt nur einem Konsistenzmodell, welches sich aber von dem anderer Daten unterscheiden kann.

3.5 Architekturmerkmale multikonsistenter Systeme

sondern u.a. auch die Kommunikation, weil bspw. unterschiedliche Datenmengen zur Wahrung der entsprechenden Konsistenz übertragen werden müssen. Vergleichbar zu verteilten Systemen, welche lediglich ein einzelnes Protokoll zur Wahrung der Konsistenz seiner verteilt genutzten Daten implementieren, lassen sich auch multikonsistente Datenstrukturen mit einer für das System und seiner Verteilung angemessen und geeigneten Granularität verwalten. Das können einzelne Felder sein, die jeweils vom System verteilt und entsprechend ihrer Konsistenz separat verwaltet werden (s. Abbildung 3.6 a)), oder aber eine Menge von Feldern, in Form von strukturierten Datentypen, wie bspw. Objekte (s. Abbildung 3.6 b)). Eine weitere Möglichkeit zur Verwaltung multikonsistenter Datenstrukturen bieten dedizierte Speicherbereiche, für die jeweils ein Konsistenzmodell verantwortlich ist. Vergleichbar zu seitenbasierten Systemen umfassen solche Speicherbereiche typischerweise eine Menge von Speicherseiten (s. Abbildung 3.6 c)), so dass ihre Größe stets ein Vielfaches einer Seite beträgt und sich im Gegensatz zu beliebig gewählten Speicherbereichen auch die bekannten Mechanismen sowie entsprechende Hardware zur Adressübersetzung für die Funktionen der Konsistenzsicherung nutzen lassen. Mit welcher Granularität ein System die gewünschte Konsistenz seiner Datenstrukturen gewährleistet ist neben einigen Aspekten der Performanz, insbesondere hinsichtlich des dafür notwendigen Kommunikationsaufwands und dem Zugriffsverhalten, u.a. auch davon abhängig, welches Programmiermodell dem Entwickler geboten wird und wie sich die von ihm definierten, multikonsistenten Datenstrukturen am effizientesten verwalten lassen. So wäre bspw. eine Zuordnung eines Konsistenzmodells zu einem großen Speicherbereich weniger sinnvoll, wenn die Implementierung des Protokolls seinerseits mit der Granularität einzelner Felder arbeitet, weil hierbei zusätzlicher Verwaltungsaufwand bzw. eine erhöhte Komplexität entsteht, wie dies bspw. in Munin der Fall ist. In Munin verwendet der Programmierer zwar Annotationen für jede seiner Variablen, um zwischen einem der vier möglichen Konsistenzmodelle zu wählen, intern werden aber ganze Seiten durch das jeweilige Konsistenzprotokoll verwaltet. Folglich werden Variablen wider Erwarten nicht zwingend aufeinander folgend im Speicher abgelegt, sondern können entsprechend ihrer Konsistenz über unterschiedliche Seiten verstreut sein, wodurch sich die Komplexität gegenüber der üblichen Vorgehensweise deutlich erhöht.

Losgelöst von der eigentlichen Struktur multikonsistenter Daten, ihrer Granularität hinsichtlich Definition und Verwaltung, kann sich ihre Bindung an die verschiedenen Konsistenzmodelle in einem verteilten, multikonsistenten System unterschiedlich gestalten. Je nachdem, ob ein Konsistenzmodell statisch, bereits zum Zeitpunkt der Entwicklung, vom Programmierer zugewiesen wird, oder dynamisch zur Laufzeit, selektiv für einzelne Datenstrukturen, veränderbar ist, ergeben sich unterschiedliche Randbedingungen für das System und sein Programmiermodell. Eine statische Zuweisung ist vergleichsweise einfach zu realisieren und die bisher übliche

3 Multikonsistente Speicherstrukturen

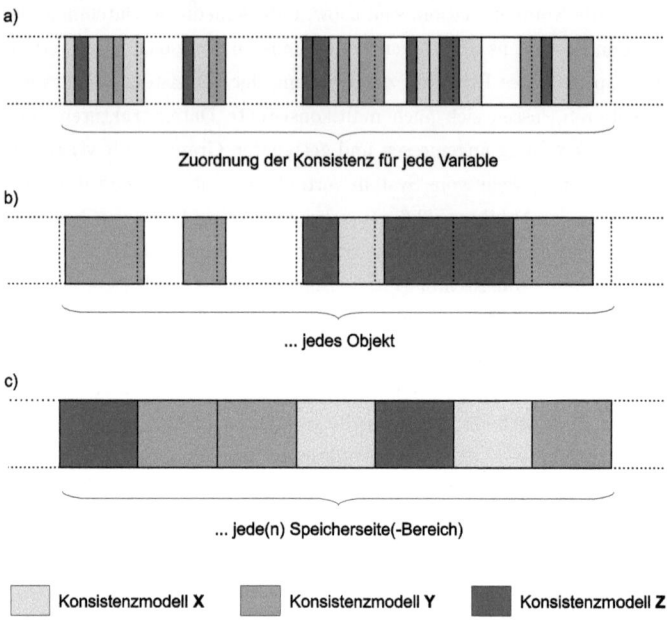

Abbildung 3.6: Für die Zuordnung von Konsistenzprotokollen bieten sich unterschiedliche Granularitäten an.

Vorgehensweise, weil bereits zum Zeitpunkt der Programmübersetzung bekannt ist, welches Konsistenzmodell für welche Datenstrukturen verantwortlich ist. Zudem werden auch beim Programmiermodell keine speziellen Funktionen notwendig, um die Konsistenz einzelner Datenstrukturen zur Laufzeit neu bestimmen zu können. Im Gegensatz dazu gestaltet sich eine dynamische Änderung zur Laufzeit schwieriger, weil das System einerseits mit sich ändernden Konsistenzbedingungen für einzelne Datenstrukturen umgehen können muss und andererseits dem Programmierer, welcher diese zur Laufzeit in irgendeiner Art und Weise beeinflussen möchte, entsprechende Funktionalität zur Verfügung stellen muss. Folglich sind Änderungen zur Laufzeit u.U. nur sehr schwer realisierbar, je nach Art der Zuordnung und dem zugrunde liegenden Programmiermodell. Typischerweise erfordern Änderungen in der Vererbungshierarchie, den implementierten Schnittstellen oder den Annotationen eine Neuübersetzung der entsprechenden Programmteile, weil Programmiermodelle i.d.R. keine Mechanismen vorsehen, um derartige Definitionen zur Laufzeit zu verändern. Folglich lassen sich Annotationen, implementierte Schnittstellen und die Vererbung für gewöhnlich nur durch eine Neuübersetzung verändern, weshalb auch eine entsprechende Änderung der Konsistenz in dieser Form prinzipiell nur statisch und nicht dynamisch möglich wäre. Demgegenüber bieten dedizierte Speicherbereiche, die sich jeweils unter der Kontrolle eines bestimmten Konsistenzmodells befinden, eine vergleichsweise einfache sowie effiziente Möglichkeit, die Konsistenz einzelner Datenstrukturen zur Laufzeit zu verändern. So können bspw. Datenstrukturen ohne spezielle Funktionalität in andere Speicherbereiche, mit schwächeren oder stärkeren Konsistenzbedingungen, verschoben werden oder aber die zugehörigen Konsistenzprotokolle zur Laufzeit leicht ausgetauscht werden, ohne dass eine Neuübersetzung notwendig wird.

Aufbauend auf diesen Überlegungen wird im Folgenden ein im Rahmen dieser Arbeit entwickelter Ansatz für die Unterstützung multikonsistenter Datenstrukturen vorgestellt, der im Gegensatz zu den wenigen, aus der Literatur bekannten Systemen (wie bspw. Munin [Car95] oder Midway [BZS93]) nicht nur eine kleine Anzahl an statisch wählbaren Konsistenzmodellen unterstützt, sondern eine beliebige Menge an Konsistenzmodellen und auch Änderungen zur Laufzeit ermöglicht, ohne dass hierfür ein spezielles oder komplexes Programmiermodell erforderlich ist.

3.6 Multikonsistente Datenstrukturen in einem transaktional verteilten Speicher

Im Gegensatz zu der Vielzahl an unterschiedlichsten Implementierungen diverser Konsistenzmodelle, finden sich in der Literatur nur wenige Systeme, die ihren Benutzern mehr als ein Konsistenzmodell für ihre verteilten Anwendungen und deren Daten zur Verfügung stellen (s.o.). Motiviert durch diesen Umstand und die bereits beschriebenen Vorteile multikonsistenter Datenstrukturen, ist ein Ziel von Rainbow OS, beliebig viele Konsistenzmodelle zu unterstützen, ohne dabei die Komplexität für den Benutzer oder das System unnötig zu erhöhen. Rainbow OS ist ein verteiltes Betriebssystem, welches dem Entwickler und seinen verteilten Anwendungen mit seinem Konzept eines SSI eine transparente Sicht auf den gemeinsam genutzten Speicher und seinen Daten bietet (s.a. Kapitel 2.1.4). Zur Gewährleistung der Typsicherheit und der Systemintegrität unterliegen sämtliche Daten, die hierfür von Relevanz sind (wie bspw. Systemfunktionen zur Verwaltung des Speichers oder Treiber), stets der Transaktionalen Konsistenz [WSG+02]. Darüber hinaus bietet diese Arbeit in Rainbow OS die Möglichkeit, weitere und unterschiedliche Konsistenzmodelle zu verwenden, so dass sich je nach Bedarf optimale Resultate hinsichtlich der Performanz verteilt ausgeführter Anwendungen erzielen lassen.

3.6.1 Transaktionale Konsistenz

Die in Rainbow OS implementierte Transaktionale Konsistenz schützt das System und seine Daten nicht nur vor inkonsistenten Zuständen, sondern gewährleistet zudem die Typsicherheit des Systems. Anstelle des traditionell bekannten Prozess-Konzepts werden in Rainbow OS alle Operationen in sog. Tasks gekapselt, die wiederum in Form von Transaktionen ausgeführt werden. Diese transaktional ausgeführten Tasks genügen dabei weitestgehend dem aus den Datenbanken-Umfeld bekannten ACID-Eigenschaften [Gra81], so dass folgende Bedingungen erfüllt werden:

Atomicity (Atomarität): Die Menge aller in einer Transaktion gekapselten Operationen werden entweder ganz (Erfolg) oder gar nicht (Abbruch) ausgeführt. Eine teilweise Ausführung der Operationen ist dabei nicht gestattet, entsprechend dem „alles oder nichts" Prinzip.

Consistency (Konsistenz): Eine Transaktion überführt den Inhalt des ihr zugrunde liegenden VVS von einem konsistenten Zustand in einen neuen konsistenten Zustand.

Isolation (Isolation): Die Ausführung einer Transaktion erfolgt isoliert von allen anderen parallel ausgeführten Transaktionen, so dass sie scheinbar die einzige ist, die im Cluster ausgeführt wird. Demzufolge sind auch etwaige Zwischenergebnisse für andere Transaktionen nicht sichtbar, so lange die entsprechende Transaktion nicht abgeschlossen ist.

Durability (Dauerhaftigkeit): Die Dauerhaftigkeit wird i.d.R. mit einem Abspeichern auf einem persistenten Speichermedium, bspw. in Form einer Festplatte, assoziiert, so dass gespeicherte Daten u.a. auch einen Neustart der Hardware überleben können. In Rainbow OS lässt sich diese Form der Dauerhaftigkeit lediglich erreichen, wenn nach jeder Transaktion der Zustand des gesamten Speichers auf Festplatte gesichert wird, was möglich wäre, aber sehr ineffizient angesichts vieler kurzer und parallel ausgeführter Transaktionen. Deshalb definiert sich der Begriff der Dauerhaftigkeit in Rainbow OS wie folgt: Änderungen einer erfolgreich abgeschlossenen Transaktion können durch diese nicht mehr rückgängig gemacht werden und sind deshalb nach ihrem Abschluss dauerhaft im Speicher.

Aufgrund dieser Bedingungen werden alle Speicheroperationen innerhalb einzelner Transaktionen ausgeführt, die am Ende mittels einem Token-Mechanismus synchronisiert werden, welcher aufgrund seiner „First Wins" Strategie[5] insbesondere bei sehr kurz laufenden Transaktionen weniger Zeit beansprucht und schneller durchgeführt werden kann, als dies bspw. mit einem

---

[5]Bei konkurrierenden Speicherzugriffen gewinnt die Transaktion, deren Knoten als erstes das Token für sich beansprucht.

3.6 Multikonsistente Datenstrukturen in einem transaktional verteilten Speicher

vorab ausgeführten Einigungsalgorithmus möglich wäre [Lam98]. Aufbauend auf der Transaktionalen Konsistenz realisiert Rainbow OS einen verteilten, transaktional konsistenten Speicher (auch Transactional Distributed Memory (TDM) genannt), der im Vergleich zu einem Mehrprozessorsystem vollständig in Software realisiert ist und einem sequentiell konsistenten Speicher entspricht, der zum Zeitpunkt der Validierung sogar strikte Konsistenz erreicht [Tra96].

Die Verteilung realisiert Rainbow OS auf der Granularität einzelner Speicherseiten, so dass sich die bekannten Komponenten und Funktionen der Adressübersetzung, wie die Memory Management Unit (MMU) und das Abfangen von Speicherzugriffen, gezielt mit der üblichen Hardware als Unterstützung ausnutzen lassen, ohne dabei auf Spezialhardware zurückgreifen zu müssen. Die Implementierung der Transaktionalen Konsistenz protokolliert alle Schreib- sowie Lesezugriffe innerhalb einer Transaktion und erstellt zudem vor einem Schreibzugriff eine sog. Schattenkopie der betreffenden Speicherseite, die ihren ursprünglichen Inhalt sichert. Auf diese Weise lässt sich der Speicher bei Bedarf auf den Ausgangszustand, in dem er sich vor Beginn einer Transaktion befunden hat, zurücksetzen, so dass sich konkurrierende Zugriffe und daraus resultierende Konflikte rückwirkend leicht auflösen lassen. Diese Form der optimistischen Synchronisation erlaubt es, mehrere Transaktionen parallel und ohne Sperren auf unterschiedlichen Knoten auszuführen, ohne dass diese dabei auf inkonsistente Datenstrukturen zugreifen oder solche hinterlassen können. Am Ende einer Task und ihrer umschließenden Transaktion (in der sog. Commit-Phase) werden sämtliche Adressen, von Seiten auf die schreibend zugegriffen wurde, in einem sog. Write Set verpackt und an alle anderen Knoten im Cluster verteilt, welche daraufhin veraltete Kopien verwerfen und laufende Transaktionen abbrechen, wenn diese auf veralteten Datenstrukturen arbeiten.

Werden lediglich exklusiv genutzte Seitendaten innerhalb einer Transaktion verändert, von denen keine Kopien auf anderen Knoten existieren, die ggf. aktualisiert werden müssten, dann bietet Rainbow OS die Möglichkeit einen Commit lokal durchzuführen, so dass kein Token angefordert und auch kein Write Set propagiert werden muss.

3.6.2 Multikonsistenz in Rainbow OS

Die Transaktionale Konsistenz stellt derzeit die stärkste Form der Konsistenzsicherung in Rainbow OS dar. Sie schützt nicht nur die Integrität der gesamten, über alle Knoten verteilten Systemkomponenten, sondern bietet dem Programmierer zudem ein einfach zu handhabendes Programmiermodell, mit dem sich leicht verteilte sowie parallel ausführbare Anwendungen entwickeln und implementieren lassen, ohne dass sich der Entwickler explizit um die Konsistenz

3 Multikonsistente Speicherstrukturen

seiner Daten kümmern muss. Trotz dieser Gegebenheiten kann es für den Programmierer und seine Anwendung von Vorteil sein, wenn er ein weniger strenges Konsistenzmodell nutzen kann, welches vielleicht kurzzeitig inkonsistente Datenstrukturen toleriert und im Gegenzug dafür aber eine gezielte Steigerung der Anwendungsperformanz ermöglicht (s.a. Kapitel 3.3). Wie solche Anwendungen im Detail zu implementieren wären und in welcher Form ein entsprechendes Konsistenzmodell gestaltet sein müsste, ist für die Zielsetzung, möglichst viele, unterschiedliche Konsistenzmodelle in Rainbow OS zu unterstützen, nicht von Bedeutung und findet deshalb an dieser Stelle keine weitere Betrachtung.

Wie in Kapitel 3.5 beschrieben gibt es unterschiedliche Möglichkeiten, um multikonsistente Datenstrukturen umzusetzen. Rainbow OS realisiert die Verteilung von gemeinsam genutzten Daten auf der Basis einzelner Speicherseiten, so dass darauf aufbauend sowohl die Kommunikation als auch die Wahrung der Konsistenz im VVS seitenbasiert durchgeführt wird. Infolgedessen sind auch alle weiteren Konsistenzmodelle für verteilt gespeicherte Daten, die zusätzlich zur Transaktionalen Konsistenz in Rainbow OS integriert werden sollen, prinzipiell an diese Rahmenbedingungen gebunden, wenn bestehende Mechanismen und deren Strukturen (wie bspw. die Protokollierung von Seitenzugriffen) beibehalten werden sollen, um so möglichst jede Art von Konsistenzmodell unterstützen zu können. Aufgrund der in Rainbow OS verwendeten Granularität von ganzen Speicherseiten, die sowohl Basis für die Verteilung der Daten als auch für die Konsistenzsicherung ist, bieten sich besonders voneinander getrennte Speicherbereiche als Grundlage für die Realisierung multikonsistenter Datenstrukturen an, ohne dabei unnötige Komplexität oder zusätzlichen Aufwand innerhalb der Konsistenzverwaltung zu verursachen. Denn diese müsste bei einer anderen Vorgehensweise u.U. mit Datenstrukturen unterschiedlichster Granularität, jeweils in Abhängigkeit zum gewünschten Konsistenzmodell und dessen Implementierung, umgehen können, so dass sich nicht nur die Verwaltung der einzelnen Konsistenzprotokolle schwieriger gestalten würde, sondern auch die entsprechende Kommunikation zwischen den Knoten, weil bspw. nicht mehr nur ganze Speicherseiten zum Datenaustausch verschickt werden, sondern je nach Gegebenheit bspw. auch einzelne Felder oder ganze Objekte.

Aufbauend auf der seitenbasierten Arbeitsweise von Rainbow OS, lässt sich der gesamte VVS in sog. Konsistenzregionen unterteilen, wobei jede Region einen definierten Bereich des VVS umfasst und einem bestimmten Konsistenzmodell zugeordnet ist (s. Abbildung 3.7). Die Größe dieser Konsistenzregionen ist dabei prinzipiell beliebig wählbar, wodurch sich auch unterschiedlich große Bereiche für unterschiedliche Konsistenzmodelle ergeben könnten. In Anbetracht der bestehenden Verwaltungsstrukturen in Rainbow OS ist es allerdings von Vorteil, wenn jede Region ein Vielfaches der logischen Seitengröße umfasst, so dass jede Seite des VVS jeweils nur einem einzigen Konsistenzmodell unterliegt und nicht innerhalb von Speicherseiten zwischen

3.6 Multikonsistente Datenstrukturen in einem transaktional verteilten Speicher

mehreren unterschieden werden muss. Mit solch einer Größe lassen sich in Rainbow OS auch weiterhin die Mechanismen der Adressübersetzung unterstützend nutzen, um die entsprechende Konsistenz einer gegebenen Region zu gewährleisten. Die maximal mögliche Größe einer solchen Konsistenzregion wird dabei grundsätzlich durch die Gesamtgröße des VVS limitiert, welcher seinerseits nur so groß sein kann, wie es die Hardware des Clusters zulässt. Aufbauend auf der 64 Bit Architektur, für die Rainbow OS konzipiert und entwickelt wurde, kann der gesamte VVS einen 64 Bit breiten Adressraum[6] umfassen, sofern dieser von der Hardware bereits vollständig unterstützt wird. In Hinblick auf die Realisierung diverser Konsistenzmodelle wäre es allerdings unsinnig, wenn lediglich eine einzige Konsistenzregion den gesamten VVS umfasst, so dass keine weiteren Konsistenzmodelle mehr Platz finden würden. Demzufolge sollte eine einzelne Konsistenzregion lediglich einen Teil des VVS umfassen, so dass je nach Bedarf und Anzahl der implementierten Konsistenzmodelle mehrere Regionen über den gesamten VVS verteilt werden können. Aufgrund dessen wurde für Rainbow OS eine Unterteilung des logischen Adressraums in mehrere, gleichgroße Konsistenzregionen gewählt, welche jeweils 512 Gigabytes umfassen. Auf diese Weise steht jedem Konsistenzmodell nach dem Systemstart ein ausreichend großer, exklusiv nutzbarer Speicherbereich zur Verfügung und bei einem Speicherzugriff lässt sich das verantwortliche Konsistenzprotokoll leicht ermitteln, weil hierfür lediglich die obersten 25 Bits der Speicheradresse ausschlaggebend sind, ohne dass hierfür spezielle Verwaltungsstrukturen oder ähnliches benötigt werden. Mit einer derartigen Unterteilung des VVS lassen sich in Rainbow OS theoretisch mehr als vier Millionen verschiedene Konsistenzmodelle realisieren, wenn die gesamte Adressbreite von 64 Bit im Zusammenhang mit der verwendeten Hardware nutzbar ist[7] (s.a. Kapitel 2.2.1).

In Anbetracht der Notwendigkeit, diverse Datenstrukturen lokal und individuell für jeden Knoten verwalten zu können und verteilt gespeicherten System- sowie Programmcode vor Inkonsistenzen zu schützen, werden in Rainbow OS bereits beim Start die untersten Konsistenzregionen vorab reserviert, so dass einerseits nicht verteilte Datenstrukturen lokal organisiert werden können und sich andererseits sämtlicher System- sowie Programmcode transaktional konsistent verwalten lässt. Demzufolge unterliegt die erste Konsistenzregion einer sog. Lokalen Konsistenz, welche mit den Konsistenzbedingungen in einem Einzelplatzsystem vergleichbar ist und deshalb hier nicht weiter betrachtet wird, gefolgt von zwei weiteren Regionen, die sich beide unter Kontrolle der Transaktionalen Konsistenz befinden (s. Abbildung 3.8). Welchen Konsistenzmodellen die übrigen Regionen im Einzelnen unterliegen bleibt an dieser Stelle offen, weil dies beliebige Modelle sein können, die je nach Zielsetzung vollkommen unterschiedlich gestaltet

---

[6]Ein 64 Bit großer Adressraum entspricht in etwa 2048 Petabytes.
[7]Die aktuelle Generation der 64 Bit Prozessoren implementiert derzeit i.d.R. die vollständige Adressbreite von 64 Bit weder physikalisch noch logisch.

3 Multikonsistente Speicherstrukturen

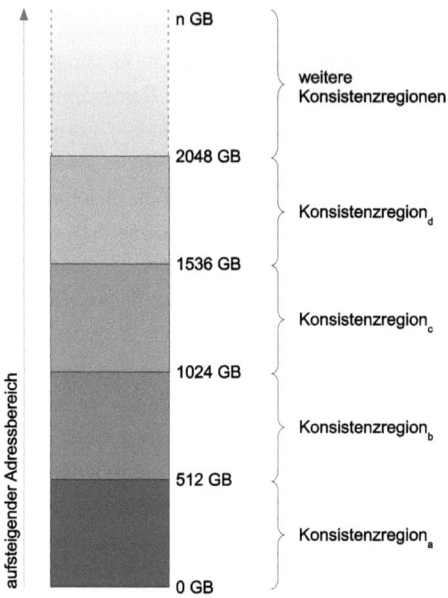

Abbildung 3.7: Unterteilung des logischen Adressraums in Konsistenzregionen, die sich jeweils unter der Kontrolle eines beliebigen Konsistenzmodells befinden können.

und implementiert sein können. Lediglich die Ausführung von Code ist in Rainbow OS stets in Transaktionen gekapselt (s.a. Kapitel 3.6.1), um so stets die Integrität des Betriebssystems und die Konsistenz seiner Datenstrukturen zu gewährleisten, wodurch auch alle Speicheroperationen, unabhängig von der korrespondierenden Konsistenzregion, immer in einem transaktionalen Kontext ausgeführt werden und dies ggf. bei der Implementierung von Programmen sowie Konsistenzmodellen entsprechend zu beachten ist. So werden bspw. transaktional konsistente Speicherbereiche, die innerhalb einer Transaktion verändert wurden, bei ihrem Abbruch automatisch zurückgesetzt, wohingegen modifizierte Speicherbereiche, die einem schwächeren Konsistenzmodell unterliegen, vielleicht nicht implizit zurückgesetzt werden und damit u.U. noch die zuletzt geschriebenen Werte beinhalten können.

3.6 Multikonsistente Datenstrukturen in einem transaktional verteilten Speicher

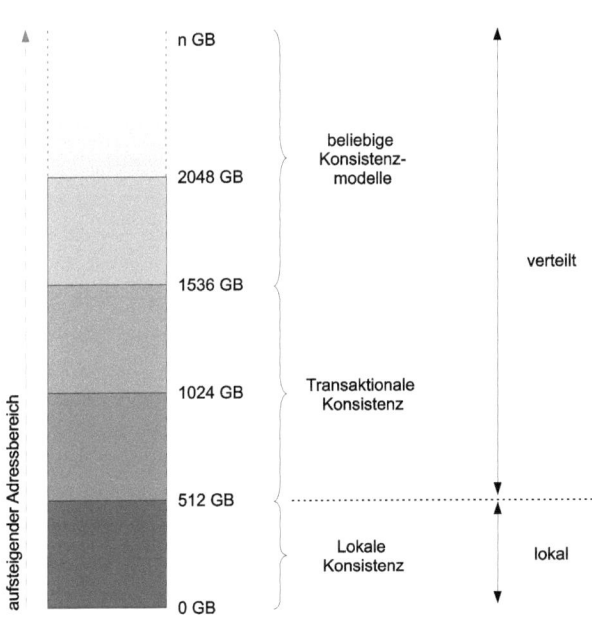

Abbildung 3.8: In Rainbow OS unterliegen die ersten Konsistenzregionen stets der Lokalen sowie Transaktionalen Konsistenz.

3.6.3 Konsistenzerweiterung und -migration zur Laufzeit

Der vorgestellte Ansatz der Multikonsistenz in Rainbow OS ist nicht nur ein geeignetes Umfeld, um die unterschiedlichsten Konsistenzmodelle für verteilte und nebenläufig ausgeführte Programme zu entwerfen, zu implementieren und zu verifizieren, sondern bietet zudem auch die Möglichkeit, freien Konsistenzregionen dynamisch zur Laufzeit ein Konsistenzmodell zuzuweisen. Somit lassen sich nicht nur die gegebenen Konsistenzmodelle verwenden, die bereits zum Zeitpunkt des Systemstarts existierten, sondern auch neue, die mit Hilfe des Compilers (s. Kapitel 2.2.3) zu einem späteren Zeitpunkt, während der Laufzeit erstellt und implementiert wurden. Neben dem Compiler bietet Rainbow OS dem Entwickler für diesen Zweck zwei entsprechende Schnittstellen, so dass einerseits Nachrichten im Sinne der Konsistenzsicherung zwischen den einzelnen Knoten des Clusters ausgetauscht und andererseits sämtliche Datenmodifikationen innerhalb des verteilten Speichers und der betroffenen Konsistenzregion registriert und bei Bedarf auch protokolliert werden können, um so bspw. auf schreibende oder lesende Speicherzugriffe entsprechend dem Konsistenzmodell reagieren zu können, falls dies erforderlich ist. Infolgedessen lassen sich mit Hilfe der angebotenen Schnittstellen individuelle und angepasste Funktionen für jedes Konsistenzmodell realisieren, so dass bei Bedarf nicht nur Synchronisierungs-, Datenaktualisierungs- oder Invalidierungsmechanismen implementiert werden können, sondern sich auch Zugriffe auf verteilt gespeicherte Datenstrukturen abfangen lassen, um diese bspw. wiederholt ausführen oder zurücksetzen zu können.

Neben der Vergabe von neuen Konsistenzregionen zur Laufzeit können so in Rainbow OS auch die Konsistenzbedingungen für Programme und ihre Datenstrukturen dynamisch angepasst werden, so dass sich bspw. die Konsistenz einzelner Datenstrukturen zum Zeitpunkt der Ausführung ändern lässt, wenn dies von Nutzen ist. In Anbetracht der einzelnen Konsistenzregionen und ihrer definierten Lage und Größe ist eine Änderung des Konsistenzmodells zur Laufzeit mit einer Verschiebung der betroffenen Datenstrukturen verbunden, so dass nicht die Konsistenz des betroffenen Speicherbereichs verändert wird, sondern die Daten in die gewünschte Konsistenzregion verschoben werden. Diese Vorgehensweise impliziert natürlich auch eine entsprechende Anpassung der Adressen, mit denen auf die Daten zugegriffen wird, wodurch zugleich eine einheitliche Sicht für alle Knoten gewährleistet wird, weil Referenzänderungen stets transaktional konsistent durchgeführt werden (s.a. Kapitel 4.2.2).

3.7 Zusammenfassung

Eine Möglichkeit, um die Performanz verteilt ausgeführter Anwendungen zu erhöhen besteht oftmals darin, gemeinsam verwendete Datenstrukturen zu replizieren, um so den Kommunikationsaufwand zwischen den beteiligten Knoten und damit auch entsprechende Zugriffszeiten zu minimieren. In welcher Art und Weise sich hierbei die Konsistenz der replizierten Datenstrukturen im Fall von schreibenden Zugriffen noch gewährleisten lässt und welches Konsistenzmodell hierfür in Betracht kommen könnte, wird mit Hilfe einiger Ansätze ausführlich diskutiert und beurteilt. In diesem Zusammenhang werden auch die unterschiedlichen Anforderungen vorgestellt und deren mögliche Auswirkungen auf die zugrunde liegende Laufzeitumgebung oder das korrespondierende Programmiermodell erörtert.

Aufbauend auf diesen Betrachtungen lässt sich feststellen, dass ein zu strenges Konsistenzmodell auch negative Auswirkungen auf die Leistungsfähigkeit einzelner Aktivitätsträger haben kann, insbesondere dann, wenn diese inkonsistente Daten in einem gewissen Rahmen tolerieren könnten, aber dennoch aufgrund zu strenger Kriterien vor jedem Datenzugriff auf eine Aktualisierung modifizierter Daten warten müssen. Auf der anderen Seite zeigt sich, dass ein zu schwaches Konsistenzmodell auch zu nicht deterministischen Zuständen führen kann, welche im ungünstigsten Fall nicht nur eine einzelne Anwendung betreffen, sondern auch das übrige System. Hierdurch motiviert werden verschiedene Aspekte und Möglichkeiten für die Unterstützung multikonsistenter Datenstrukturen beleuchtet, so dass sich für die gemeinsam und verteilt genutzten Daten unterschiedlich strenge Konsistenzmodelle gleichzeitig verwenden lassen, um so eine optimale Ausführung einzelner Anwendungen entsprechend ihrem Zugriffsmuster zu ermöglichen. Dabei werden nicht nur unterschiedliche Ansätze und Möglichkeiten für die Zuordnung und Definition eines Konsistenzmodells in Bezug auf bestimmte Datenstrukturen durch den Programmierer diskutiert, sondern auch die Zusammenhänge mit dem Gesamtsystem dargestellt und bewertet. Denn neben dem Programmiermodell muss auch die Laufzeitumgebung mit verschiedenen Konsistenzmodellen für unterschiedliche Datenstrukturen umgehen können, entsprechend den Vorgaben des Entwicklers.

Hierauf aufbauend wird eine im Rahmen dieser Arbeit entwickelte Unterstützung multikonsistenter Datenstrukturen in Kombination mit einem transaktional verteilten Speicher vorgestellt, welcher durch die Unterteilung in aufeinander folgende Konsistenzregionen eine Vielzahl unterschiedlicher Konsistenzmodelle unterstützen kann und auch eine dynamische Erweiterung zur Laufzeit ermöglicht. Aufbauend auf einer 64 Bit Architektur und der Zielsetzung, eine möglichst schnelle Zuordnung von Konsistenzmodellen zu ermöglichen, wurde die Größe der vorgestellten

3 Multikonsistente Speicherstrukturen

Konsistenzregionen hierbei auf jeweils 512 Gigabytes festgelegt, wobei sich jede einzelne Region prinzipiell unter der Kontrolle eines anderen Konsistenzmodells befinden kann.

4 Verwaltung multikonsistenter und verteilter Speicherstrukturen

Motiviert durch die Steigerung der insgesamt zur Verfügung stehenden und damit nutzbaren Rechenkapazität werden bereits seit Jahren verteilte Systeme erforscht und eingesetzt (s.a. Kapitel 2.1.1). Ein Ziel solcher Systeme ist u.a. die Erhöhung der Leistungsfähigkeit durch parallel über mehrere Maschinen verteilt ausgeführte Berechnungen. Die notwendige Kommunikation und Koordination zwischen den verteilt ausgeführten Aktivitäten lässt sich dabei bspw. mit einem gemeinsamen verteilten Speicher, angelehnt an das Konzept eines Mehrprozessorsystems, realisieren. Einer der Vorteile eines gemeinsamen Speichers ist die Abstraktion und Transparenz gegenüber dem Benutzer, der sich auf diese Art und Weise nicht um die Mechanismen der physikalischen Verteilung seiner Daten kümmern muss, sondern diese in einfacher Form anlegen und zugreifen kann. Unabhängig von den beachtlichen Fortschritten im Bereich der Prozessor-Technik und der damit verbundenen Hardware sind solche DSM-Systeme immer noch ein geeignetes Mittel, um die verfügbare Rechenkapazität zu erhöhen. Dabei sind die Anforderungen sowie die meisten Basisfunktionen hinsichtlich einer effizienten Ressourcen-Verwaltung, insbesondere im Bereich der verteilten Speicherverwaltung, unverändert geblieben. Hieran ändern auch 64 anstatt 32 Bit Prozessoren, eine bessere und schnellere Speicheranbindung sowie verbesserte Busstrukturen innerhalb einer Maschine nichts.

Basis eines verteilten, gemeinsam genutzten Speichers ist der Hauptspeicher jeder beteiligten Maschine, der in dieser i.d.R. nur einmal[8] vorhanden ist. Aufgrund der Kombination von mehreren Prozessoren innerhalb einer Maschine und ihrer Vernetzung untereinander muss ein verteiltes Betriebssystem nicht nur mit der Verwaltung und Anforderung konkurrierender Speicheranfragen zurecht kommen, sondern diese bei Verwendung moderner Multiprozessoren für mehrere Prozessoren parallel verwalten können, ohne dass dabei Speicherressourcen mehrfach belegt werden oder Konflikte innerhalb der Speicherverwaltung entstehen, die zu Fehlverhalten oder zum Absturz des gesamten Systems führen.

---

[8]Ausgenommen sind hier die sog. Non-Uniform Memory Access Systeme.

4 Verwaltung multikonsistenter und verteilter Speicherstrukturen

Trotz der modernen Prozessoren haben sich die grundlegenden und bekannten Strukturen der Speicherverwaltung nicht verändert. Aktuelle BIOS-Versionen der x86-Architektur starten den Computer noch immer im bekannten Real-Mode, welcher drauf aufbauen in den Protected-Mode und anschließend in den Long-Mode wechselt, der für die Verwendung der 64 Bit Architektur hinzugekommen ist[9]. Neben einem erweiterten Instruktionssatz, 64 Bit breiten Arbeitsregistern, erhöhen sich im Long-Mode auch die physikalischen sowie virtuellen Speichergrenzen. Auch wenn diese noch nicht in vollem Umfang genutzt werden, arbeiten Betriebssysteme und Anwendungen bereits mit 64 Bit breiten Adressen und haben somit im Vergleich zu alten Systemen, welche lediglich im Protected-Mode arbeiten, einen bedeutend größeren Adressraum zur Verfügung, was insbesondere in Zusammenhang mit einem verteilten, gemeinsam genutzten Speicher von großem Nutzen ist. Grundlegende Mechanismen zwischen Hard- und Software bleiben hierbei unverändert, denn auch im Long-Mode werden bspw. MMU und Seitentabellen für die Übersetzung von logischen zu physikalischen Adressen verwendet. Demzufolge lässt sich die Speicherverwaltung in Bezug auf eine einzelne Maschine wie gewohnt in zwei Aufgabenbereiche unterteilen, wozu einerseits die Verwaltung des logischen Speichers durch eine Laufzeitumgebung oder das Betriebssystem gehört, um Speicheranfragen von ausgeführten Aktivitätsträgern zur Laufzeit bedienen zu können, und andererseits die korrekte Abbildung von logischen auf den tatsächlich physikalisch vorhandenen Adressraum. Die Abbildung von logischen auf physikalische Adressen ist i.d.R. Aufgabe und damit Teil des Betriebssystems, wohingegen die Vergabe von logischen Speicher (im Rahmen dieser Arbeit auch schlicht nur Speicher oder Heap[10] genannt) Teil der Laufzeitumgebung sein kann, mit entsprechenden Schnittstellen innerhalb der verwendeten Programmiersprache, oder auch vom Betriebssystem übernommen wird. Frühere Arbeiten haben gezeigt, dass es in einem verteilten System mit gemeinsam genutzten Speicher empfehlenswert ist, sowohl die physikalische als auch die logische Speichervergabe in das Betriebssystem zu integrieren und nicht einzelnen Anwendungen zu überlassen, so dass der gemeinsam genutzte Adressraum effizient und fehlerfrei verwaltet wird [Tra96].

Im Folgenden wird nicht näher auf bereits bekannte Verfahren zur Verwaltung von physikalischen Speicher (bspw. in Form von Bitmaps für die Verwaltung von physikalischen Speicherseiten) eingegangen, sondern mögliche Verfahren zur Verwaltung eines globalen Speichers vorgestellt und diskutiert, der logisch aus einem zusammenhängenden Adressraum besteht und von der physikalischen Verteilung abstrahiert (auch VVS genannt).

---

[9] Ausgehend von den üblichen 64 Bit Prozessoren von Intel [Int10] und AMD [AMD10].
[10] Der Heap (deut. Halde, Haufen) ist ein Speicherbereich, aus dem Programme zur Laufzeit zusammenhängende Speicherblöcke anfordern und in beliebiger Reihenfolge wieder freigeben können.

4.1 Verteilte Freispeicherverwaltung

Grundsätzlich unterscheidet sich die Vergabe und Verwaltung von freiem Speicher in einem VVS nicht von der eines lokalen Speichers, weil die logische Sicht und der Zugriff auf der logischen Ebene aufgrund der gegebenen Abstraktion identisch ist. Folglich können im verteilten Fall prinzipiell auch alle Algorithmen genutzt werden, die im lokalen Fall Verwendung finden, mit dem gewohnten Funktionsumfang für das System sowie seine auszuführenden Aktivitätsträger, ungeachtet von der notwendigen Kommunikation zwischen den beteiligten Knoten, welche u.U. die Performanz beeinflusst. Damit parallele Speicheranfragen, ausgeführt auf unterschiedlichen Knoten, nicht zu sich überschneidenden Adressbereichen (oder einer Mehrfachbelegung) im VVS führen, ist eine entsprechende Koordination solcher Anfragen von essentieller Bedeutung für eine verteilte Speicherverwaltung. Ausgehend von einem konsistenten und gemeinsam genutzten Speicher können konkurrierende Speicheranfragen von unterschiedlichen Knoten zu einer Serialisierung führen, insbesondere dann, wenn alle Knoten gleichviel Speicherplatz benötigen und ein passender Bereich jedem der anfragenden Knoten zugeordnet werden könnte. Um solch eine Serialisierung und damit Verzögerungen in parallel ausgeführten Programmen zu vermeiden, sollten konkurrierende Speicheranfragen aus unterschiedlichen Speicherbereichen bedient werden, unabhängig von der benötigten Größe des zu allozierenden Speicherbereichs. Solch eine Vergabe lässt sich durch eine statische oder eine dynamische Aufteilung des VVS erreichen.

4.1.1 Statische Heappartitionierung

Die wohl einfachste Möglichkeit zur Koordination konkurrierender Speicheranfragen besteht darin, den gesamten verteilten Heap in Bereiche fester Größe zu unterteilen, welche anschließend jeweils einem Knoten zugeordnet werden. Jeder dieser Knoten besitzt somit seinen eigenen, fest vorgegebenen Bereich im VVS, der ihm exklusiv zur Verfügung steht. Mittels dieser Einteilung lässt sich die Vergabe sowie Freigabe von Speicher ohne konkurrierende Anfragen, für jeden Knoten separat und individuell verwalten. Jeder Knoten alloziert den benötigten Speicherplatz in dem ihm zugeordneten Bereich und verwaltet zugleich auch die wieder freigewordenen Blöcke innerhalb diesem selbst.

Trotz der einfachen Umsetzung, die eine statische Aufteilung des Heaps mit sich bringt, besitzt diese Vorgehensweise jedoch den Nachteil, dass der gesamte nutzbare Speicher in feste Bereiche unterteilt wird. Die Größe dieser Bereiche muss hierfür beim Start des Systems festgelegt

4 Verwaltung multikonsistenter und verteilter Speicherstrukturen

werden und bestimmt damit zugleich die maximale Anzahl der möglichen Knoten. Zur Laufzeit hinzukommende Knoten lassen sich folglich nur schwer in solch eine statische Zuteilung integrieren, insbesondere dann, wenn dafür eine vollständige Reorganisation der Speicherbereiche notwendig wird. Zudem beschränkt die vordefinierte Speichergröße auch die maximale Größe der allozierbaren Blöcke, so dass Objekte bspw. von vornherein in ihrer Größe und Anzahl limitiert sind. Lediglich eine Neuorganisation zur Laufzeit hebt diese Limitierung auf, was aber i.d.R. zur einer Neuaufteilung des VVS führt und damit ggf. gar nicht bzw. nur sehr schwer umsetzbar ist, weil bspw. nicht mehr ausreichend freier Speicherplatz zur Verfügung steht. Prinzipiell lassen sich zwar Teilbereiche zu einem neuen Bereich kombinieren, je nach Auslastung und Lage im VVS, können dabei aber zugleich den verfügbaren Speicher der betroffenen Knoten reduzieren und verursachen so ggf. eine Reorganisation großer Speicherbereiche. Weiterhin kann solch eine statische Einteilung des Speichers zu einer erhöhten Fragmentierung[11] führen, weil allozierte Objekte nicht aufeinander folgend im VVS angeordnet sind, sondern u.U. in weit auseinander liegenden Speicherbereichen, in Abhängigkeit zu ihren erzeugenden Knoten.

Ausschlaggebend für eine geeignete Realisierung einer statischen Heappartitionierung ist also die gewählte Größe der einzelnen Speicherbereiche. Diese hängt ihrerseits u.a. von den geplanten Aktivitäten im verteilten System ab, weil sich hieraus bspw. die Anzahl der Knoten und deren benötigte Speichergröße abschätzen lässt und damit beide Parameter bekannt sind, um eine einfache und leicht zu koordinierende Verwaltung für einen VVS, mit fester Aufteilung, realisieren zu können. Allerdings ist solch ein Vorgehen für ein verteiltes System, welches eine Vielzahl an unterschiedlichsten Programmen unterstützen und dabei mit einer variablen Anzahl an Knoten umgehen soll, wie bspw. ein verteiltes Betriebssystem, welches auf Basis eines VVS Daten verteilt und gemeinsam nutzbar macht, eher ungeeignet. Denn weder die Anzahl der Knoten noch die maximale Objektgröße lassen sich für ein universell einsetzbares System limitieren, ohne hierbei dessen Verwendungsmöglichkeiten und Nutzen maßgeblich einzuschränken.

4.1.2 Dynamische Heappartitionierung

Im Vergleich zur statischen Partitionierung wird bei der dynamischen Verwaltung Speicher des VVS erst bei Bedarf vergeben bzw. den anfragenden Knoten zugewiesen. Dies kann zum Zeitpunkt der Allozierung für jede Anfrage separat geschehen oder bereits vorab, wenn ein Knoten Speicherbereiche in einer beliebigen Größe im Voraus anfordert, um anschließende Speicheranfragen seiner Aktivitätsträger direkt bedienen zu können. Unabhängig vom Zeitpunkt solcher

---

[11]Eine Zerstückelung des Speichers, welche zusammenhängende Lese- sowie Schreiboperationen in ihrer Geschwindigkeit beeinträchtigen kann (bspw. aufgrund einer schlechten Cache-Ausnutzung).

Speicheranfragen, können diese prinzipiell durch eine zentrale Instanz im VVS koordiniert und ausgeführt werden oder direkt von den einzelnen Knoten selbst. Letzteres erfordert neben einer zuverlässigen Kommunikation auch eine entsprechende Einigung der beteiligten Knoten untereinander, so dass konkurrierende Anfragen nicht zu einer überlappenden Speicherbelegung (Mehrfachbelegung) und damit u.U. zu fehlerhaften Zuständen im Gesamtsystem führen. Eine derartige Einigung und der damit verbundenen zuverlässigen Kommunikation zu gewährleisten ist nicht nur aufwändig in der Umsetzung [JB89][HT93], sondern reduziert u.U. auch die Leistungsfähigkeit des gesamten Systems aufgrund der zusätzlichen Nachrichten und deren Übertragungszeiten die dafür notwendig sind. Demgegenüber lässt sich eine Speichervergabe mit Hilfe einer zentralen Instanz relativ einfach in einen VVS realisieren, bspw. in Form eines globalen Verwaltungsobjekts, welches entsprechende Funktionalität bietet und alle Anfragen einzelner Knoten koordiniert. Aufgrund der notwendigen Synchronisation von konkurrierenden Anfragen innerhalb solch einer zentralen Instanz ist es empfehlenswert, wenn alle Knoten stets größere Speicherbereiche anfordern und diese anschließend lokal verwalten, so dass die Allozierung von Objekten auf den unterschiedlichen Knoten nicht zu Konflikten bei der Verwaltung des gesamten VVS führen kann. Die Schwierigkeit bei einer solchen Unterallozierung liegt in einer angemessenen Bestimmung der vorab zu allozierenden Blockgröße. Ist diese zu klein gewählt, müssen einzelne Knoten u.U. ständig neue Bereiche anfordern, wodurch das Konfliktrisiko konkurrierender Anfragen steigt, insbesondere wenn diese bei jeder Objektallozierung notwendig sind. Andererseits können zu groß gewählte Bereiche dazu führen, dass größere Bereiche des VVS ungenutzt bleiben und damit u.U. Adressraum verschwendet wird, der anderweitig verwendet bzw. benötigt werden könnte.

Im Gegensatz zur statischen Aufteilung sind bei der dynamischen Speichervergabe weder Objekte in ihrer möglichen Größe beschränkt, noch die Anzahl der beteiligten Knoten im System limitiert. Lediglich die zur Verfügung stehende Hardware-Architektur bestimmt den insgesamt adressierbaren VVS und damit auch die maximale Objektgröße im Speicher, weshalb die dynamische Heappartitionierung einer statischen vorzuziehen ist, insbesondere im Zusammenhang mit einem universell einsetzbaren sowie verteilten Betriebssystem.

4.1.3 Klassische Freispeicherorganisation

Unabhängig von der Verfahrensweise, wie freie Speicherbereiche aus dem VVS einzelnen Knoten zugeteilt werden oder diese neuen Speicher im Detail anfordern, müssen die Verwaltungsstrukturen der Speicherverwaltung stets die aktuelle Belegung des gesamten VVS widerspiegeln. Zu

4 Verwaltung multikonsistenter und verteilter Speicherstrukturen

den bekanntesten Verfahren der Freispeicherorganisation gehören Bitmaps, Freispeicherlisten sowie -tabellen, die sich durch folgende Eigenschaften auszeichnen:

Bitmaps sind besonders gut geeignet, um eine definierte Anzahl an Speicherbereichen mit fester Größe zu verwalten, da der Zustand für jeden Bereich jeweils durch ein einzelnes Bit repräsentiert wird, um so zwischen den Zuständen „Belegt" oder „Frei" unterscheiden zu können. Infolgedessen ergibt sich die Größe einer Bitmap aus der Anzahl der zu verwaltenden Speicherbereiche, bei der für jeden Bereich mindestens ein Bit reserviert werden muss. Weiterhin ist auch eine mehrstufige Verwendung von solchen Bitmaps möglich, bei der eine Menge von untergeordneten Bits durch ein einziges Bit auf der nächst höheren Stufe repräsentiert wird, um so bspw. unterschiedliche Granularitäten innerhalb der Speicherverwaltung zu berücksichtigen oder das Auffinden von zusammenhängenden Speicherbereichen zu erleichtern.

Freispeicherlisten können ohne zusätzliche Verwaltungsstrukturen eingesetzt werden, weil sie im Gegensatz zu den Bitmaps frei verfügbare Speicherbereiche direkt im Speicher miteinander verketten können, so dass jeder freie Bereich selbst einen Verweis auf den nächsten freien Speicherbereich enthält. Je nach Zielsetzung und Verwendungszweck lassen sich auf diese Weise auch mehrere solcher Listen parallel verwalten, so dass einzelne Bereiche, in Abhängigkeit ihrer Größe, in unterschiedlichen Verkettungen enthalten sein können. Aufgrund der direkten Verkettung werden bei dieser Vorgehensweise auch keine zusätzlichen Verwaltungsstrukturen benötigt, wie bspw. eine separate Bitmap oder ähnliches. Lediglich zur Optimierung des Zugriffs können zusätzliche Strukturen sinnvoll sein.

Freispeichertabellen bieten eine tabellarische Form für die Verwaltung freier Speicherbereiche, deren Einträge sich typischerweise aus den Startadressen sowie der verfügbaren Größe zusammensetzen. Eine optionale Sortierung der Einträge nach unterschiedlichen Kriterien, wie bspw. Größe oder Adressen, erleichtert der Speicherverwaltung das gezielte Auffinden von passenden Speicherbereichen, was bei Verwendung von Freispeicherlisten ohne eine zusätzliche Buchhaltung nicht möglich ist. Allerdings benötigen separat geführte Freispeichertabellen zusätzlichen Speicherplatz, wenn die benötigten Verwaltungsinformationen nicht innerhalb der freien Speicherbereiche organisiert werden können. Der dafür benötigte Speicherplatz ist hierbei abhängig von der Größe der gespeicherten Einträge und ihrer Anzahl, so dass sich dieser im Voraus schwer abschätzen lässt, da die Anzahl der Einträge für gewöhnlich variiert zur Laufzeit.

4.1 Verteilte Freispeicherverwaltung

In welcher Art und Weise freie Speicherbereiche letztendlich organisiert werden oder inwieweit es sinnvoll ist, unterschiedliche Verfahren miteinander zu kombinieren, ist für gewöhnlich von den Rahmenbedingungen des zugrunde liegenden Systems und seinen Anforderungen abhängig. So sind bspw. keine speziellen Verwaltungsstrukturen oder ähnliches notwendig, wenn lediglich nur ein freier Speicherbereich verwaltet werden muss und sich dieser bei Speicheranfragen nur verkleinert, aber stets zusammenhängend bleibt, weil bspw. bereits vergebener Speicherplatz nicht mehr freigegeben werden muss und somit auch keine freien Speicherlücken entstehen können.

4.1.4 Klassische Zuteilungsverfahren

Wie bereits erwähnt, bieten sich zur Verwaltung eines VVS prinzipiell die gleichen Verfahren an, wie sie auch im Zusammenhang mit einem lokalen Speicher genutzt werden können. Infolgedessen lassen sich, aufbauend auf der zugrunde liegenden Freispeicherorganisation, Speicheranfragen durch unterschiedliche Strategien von der Speicherverwaltung behandeln. Zu den bekanntesten und heutzutage häufig vorzufindenden Vorgehensweisen gehören Frist Fit, Next Fit, Best Fit und Worst Fit sowie die Vergabe nach dem sog. Buddy Verfahren:

First Fit durchsucht bei einer Speicheranfrage alle freien Speicherbereiche und liefert den ersten Block zurück, welcher mindestens der angeforderten Größe entspricht. Bei dieser Vorgehensweise ist es unerheblich, wie viel Platz der gefundene Speicherbereich insgesamt umfasst und wie viel dabei u.U. verschwendet wird (interner Verschnitt/Fragmentierung), weil lediglich der erst Beste verwendet wird.

Next Fit durchsucht alle freien Speicherbereiche zyklisch, so dass die Suche am Ende des zuvor gefundenen Speicherbereichs fortgesetzt und auf diese Weise eine Konzentration der Belegung am Anfang des Speichers vermieden wird. Dabei wird wie bei der First Fit Strategie der erste freie Speicherbereich gewählt, der in seiner Größe der Mindestanforderung entspricht.

Best Fit versucht den internen Verschnitt, wie er aufgrund zu großer Speicherbereiche entstehen kann, zu minimieren und sucht deshalb einen Speicherbereich, der am Besten zu der erforderlichen Größe passt und dabei so wenig wie möglich Speicherplatz verschwendet. Folglich erhöht sich dabei auch der benötigte Aufwand zur Suche, weil u.U. alle freien Speicherbereiche ausgewertet werden müssen.

4 Verwaltung multikonsistenter und verteilter Speicherstrukturen

Worst Fit liefert, im Gegensatz zum Best Fit, immer den größtmöglichen freien Speicherbereich, was insbesondere dann von Vorteil sein kann, wenn freie Bereiche der Größe nach absteigend sortiert vorliegen (wie bspw. durch eine entsprechende Freispeicherliste oder -tabelle) und sich somit der Aufwand zur Suche minimieren lässt, weil stets der erste freie Bereich vergeben werden kann, wenn dieser ausreichend Platz bietet. Andernfalls kann die Suche bei einer absteigenden Sortierung abgebrochen werden, weil auch die folgenden Speicherbereich zu klein wären.

Buddy Verfahren versuchen eine unnötige Speicherfragmentierung von Vornherein zu vermeiden, indem immer Speicherbereiche mit fester Größe vergeben werden. Dafür wird der verfügbare Speicher in dedizierte Bereiche fester Größe (entspricht in ihrem Wert stets einer Zweierpotenz) unterteilt, um den angeforderten Speicherplatz, der ggf. auf die nächst größere Zweierpotenz aufgerundet wird, schnell mit Hilfe der für jede Größe separat verwalteten Liste bedienen zu können. Ist die entsprechende Liste leer, so wird der nächst größere freie Speicherbereich gewählt und in zwei gleichgroße Teile (sog. Buddys) unterteilt und die entsprechenden Listen aktualisiert. Ebenso können zwei benachbarte Speicherbereiche der gleichen Größe jeweils zu einem größeren zusammengefügt werden, wenn beide Teile unbenutzt sind. Folglich lassen sich auf diese Art und Weise sowohl kleinere als auch größere Speicherbereiche dynamisch erzeugen, durch fortgesetzte Halbierung oder Vereinigung, insofern dies möglich und notwendig ist.

Im Kontext eines VVS lassen sich prinzipiell alle diese Zuteilungsverfahren verwenden, wenn durch eine geeignete Art der Synchronisation konkurrierende Speicheranfragen unterschiedlicher Knoten organisiert werden und dabei das gewünschte/geforderte Laufzeitverhalten des verteilten Systems gewährleistet werden kann. Die erste Anforderung lässt sich leicht mit Hilfe gemeinsam genutzter Verwaltungsstrukturen und angemessenen Konsistenzeigenschaften, wie sie bspw. die Transaktionale Konsistenz (s. Kapitel 3.6.1) bietet, erreichen, so dass konkurrierende Anfragen bei Bedarf in serialisierter Art und Weise bearbeitet werden können, ohne dass dies zu fehlerhaften Zuständen innerhalb der Freispeicherverwaltung führen kann. Hinsichtlich Laufzeitverhalten ist besonders die Verteilung der Daten sowie die dafür eingesetzte Kommunikation zwischen den Knoten zu berücksichtigen, weil die dabei entstehenden Übertragungszeiten i.d.R. auch Einfluss auf die erreichbare Performanz haben. So durchlaufen bspw. Verfahren, die nach dem First Fit Prinzip agieren und keine zusätzlichen Verwaltungsstrukturen nutzen, bei einer Speicheranfrage u.U. sehr viele, direkt miteinander verketteten Speicherbereiche (s.a. Freispeicherliste) und können dabei im ungünstigsten Fall sehr viele Speicherzugriffe verursachen, die wiederum zu einer erhöhten Netzwerkkommunikation führen können, wenn sich bspw. die benötigten Informationen gerade nicht im Besitz des ausführenden Knoten befinden, sondern über mehrere Knoten verteilt sind. Diese Problematik verstärkt sich insbesondere dann noch, wenn für sämtliche Speicheranfragen stets der gleiche Einstiegspunkt gewählt wird, so dass parallel ausgeführte Speicheranfragen immer zu konkurrierenden Zugriffen innerhalb des VVS führen. So werden bspw. bei Verwendung einer Best Fit Strategie ohne zusätzliche Verwaltungsstrukturen alle freien Speicherbereiche betrachtet, unabhängig von ihrer tatsächlichen Verteilung, um auf diese Weise einen geeigneten Bereich bestimmen zu können, weshalb auch unterschiedliche Einstiegspunkte für die Suche nur bedingt hilfreich wären, weil ggf. trotzdem alle Knoten kontaktiert werden müssen. Ähnliche Probleme ergeben sich auch bei der Verwendung eines Buddy Verfahren, bei dem die verschieden großen Freispeicherbereiche nicht mittels Listen verwaltet werden, sondern direkt, in Abhängigkeit ihrer Größe, miteinander verkettet sind. Auch hier müssen bei einer Speicheranfrage u.U. alle Knoten kontaktiert werden, wenn die notwendigen Daten entsprechend ungünstig verteilt sind.

Aufgrund der genannten Eigenschaften und Probleme ist keines der genannten Zuteilungsverfahren für die Allozierung von Speicher in einem Cluster mit gemeinsamen Speicher in seiner ursprünglichen Form geeignet, weshalb im Folgenden eine im Rahmen dieser Arbeit entwickelte Speicherverwaltung vorgestellt wird, die den Ansprüchen an eine effiziente Verwaltung eines verteilten und gemeinsam genutzten Speichers in einem Cluster gerecht wird, möglichst wenig Konfliktpotential bietet und zudem multikonsistente Datenstrukturen unterstützt.

4.2 Verwaltung verteilter, multikonsistenter Speicherbereiche

4.2.1 Lokale und verteilte Kernstrukturen

Neben einer möglichst hohen Rechenleistung, u.a. erreicht durch die parallele Bearbeitung von Aufgaben, gehört i.d.R. auch eine längerfristige Verfügbarkeit verteilter Ressourcen zu den Zielen heutiger Cluster-Systeme. Aus diesem Grund ist es sinnvoll, wenn solch ein System, welches über einen längeren Zeitraum und mit voller Kapazität zur Verfügung stehen soll, dem entsprechenden Benutzer auch die Möglichkeit bietet, einzelne Komponenten zur Laufzeit ersetzen, austauschen oder erweitern zu können, so dass ein Neustart des gesamten Clusters vermieden werden kann, wenn bspw. nur kleinere Änderungen im System durchzuführen sind. Eine Möglichkeit, um dies zu erreichen, ist die Neuübersetzung oder der Austausch von einzelnen Systemkomponenten zur Laufzeit, wodurch sich gezielt einzelne Teile des Systems ersetzen oder

4 Verwaltung multikonsistenter und verteilter Speicherstrukturen

erweitern lassen (s.a. Kapitel 2.2.3). Auf diese Weise lassen sich bspw. kleinere Fehler beheben oder der Umfang existierender Funktionalitäten erweitern, ohne dass dabei das gesamte System erneut übersetzt und gestartet werden muss. Eine Neuübersetzung einzelner Systembestandteile setzt allerdings voraus, dass alle Knoten vollständig und umgehend solche Änderungen erfahren können, so dass die Konsistenz der gemeinsamen Code-Basis im gesamten Cluster stets gewährleistet ist und einzelne Knoten nicht mit unterschiedlich aktuellen Systemfunktionen arbeiten. Im Hinblick auf diese Anforderungen ist nicht nur die Verteilung von Anwendungsdaten sinnvoll, sondern auch die des Systems, so dass sich einzelne Teile von diesem leicht mit den grundlegenden Mechanismen der Verteilung und Konsistenzsicherung aktualisieren lassen, ohne dafür spezielle Funktionalitäten bereitstellen zu müssen.

Neben der transparenten Verteilung von Daten, auf Basis des VVS, sollte auch die Verteilung von Code eines der Ziele von einem solchen Cluster-System sein, so dass sich u.a. aufgrund der oben genannten Gründe nicht nur Daten gemeinsam für die Ausführung von verteilten Anwendungen nutzen lassen, sondern nach Möglichkeit auch System- sowie Programmcode von allen Knoten in gleicher Weise nutzbar ist. Allerdings lässt sich dieses Ziel nur teilweise erreichen, weil bspw. der Code für die grundlegende Kommunikation auf jedem Knoten lokal vorhanden sein muss, bevor dieser überhaupt am Cluster teilnehmen kann und damit Zugriff auf die Inhalte des VVS bekommt. Dazu gehören bspw. auch Elemente der Kommunikation (wie z.B. Netzwerkkartentreiber oder Kommunikationsprotokolle) oder eine individuelle Verwaltung grundlegender Betriebsmittel, wie bspw. die Verwaltung von physikalischen Speicher, angepasst an die Gegebenheiten des jeweiligen Knotens, welche insbesondere dann notwendig ist, wenn einzelne Knoten mit unterschiedlicher Hardware ausgestattet sein können. Aufgrund dieser Gegebenheiten ist es von Vorteil, einen kleinen Teil der Betriebsmittel lokal und für jeden Knoten individuell zu verwalten, weil eine Verteilung solcher Strukturen zu aufwändig oder nicht realisierbar wäre.

In Hinblick auf die genannten Zielsetzungen besitzt Rainbow OS einen lokalen und einen verteilten Kern (s. Abbildung 4.1), wobei der lokale Kern und seine Datenstrukturen lediglich eine minimale Menge an Funktionen enthält, welche den Start und die Initialisierung grundlegender Systemkomponenten sowie Geräte ermöglichen, um anschließend dem Cluster beitreten zu können. Folglich wird, nachdem alle wesentlichen Geräte initialisiert, Datenstrukturen aufgebaut und das Kommunikationsprotokoll initialisiert sind, der verteilte Kern ausgeführt, welcher bereits vollständig im VVS vorliegt oder vom ersten Knoten, der den Cluster startet, entsprechend eingerichtet wird. Im Gegensatz zum lokalen Kern, welcher der Lokalen Konsistenz (s. Kapitel 3.6.2) unterliegt, wird der Code und die Datenstrukturen des verteilten Kerns vollständig verteilt gehalten und ist so von allen Knoten gemeinsam und parallel nutzbar. Die Speicher-

4.2 Verwaltung verteilter, multikonsistenter Speicherbereiche

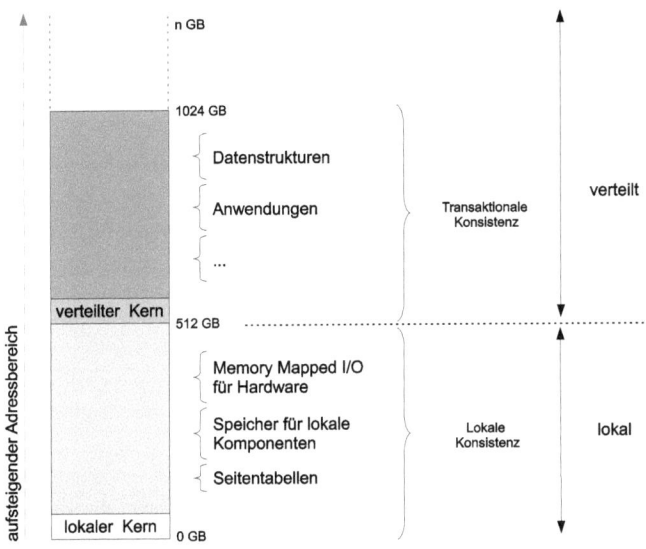

Abbildung 4.1: Rainbow OS besteht aus einen lokalen sowie einen verteilten Kern, um lokale und für jeden Knoten individuelle Datenstrukturen getrennt von den verteilten und gemeinsam genutzten verwalten zu können.

position des verteilten Kerns markiert dabei aus logischer Sicht auch den Beginn des VVS (s. Abbildung 4.1) und unterliegt der Transaktionalen Konsistenz, mit der seine Integrität und folglich die des gesamten Systems gewährleistet wird (s.a. Kapitel 3.6.1). Zum verteilten Kern gehören neben Gerätetreibern, welche verteilt realisierbar sind, u.a. auch die Verwaltung der verteilten Aktivitätsträger aller Knoten. Eine weitere Komponente des verteilten Kerns und ein besonders wichtiger Bestandteil in einem verteilten System auf Basis eines VVS ist die verteilte Speicherverwaltung. Sie verwaltet den gesamten VVS und bedient demzufolge sämtliche Speicheranfragen, entweder direkt oder für jeden Knoten individuell (s.u.), vergleichbar mit der Unterallozierung aus Kapitel 4.1.2.

Im Gegensatz zur lokalen Speicherverwaltung, welche lediglich Speicheranfragen aus dem lokalen Kern bedient (um z.B. neue Puffer für eingehende Nachrichten anlegen zu können), für die Verwaltung des physikalischen Speichers zuständig ist und die notwendige Funktionalität zur Virtualisierung des Speichers bereitstellt, wie bspw. dynamischer Aufbau und entsprechende Verwaltung der Adressübersetzungstabllen (Seitentabellen), ist die verteilte Speicherverwaltung

4 Verwaltung multikonsistenter und verteilter Speicherstrukturen

i.d.R. eine der zentralen Komponenten verteilter Systeme mit gemeinsam genutzten Speicher. In Rainbow OS bietet die Speicherverwaltung, neben der üblichen Funktionalität, dem System bzw. seinen Benutzern die Möglichkeit, mit Hilfe von voneinander getrennten Konsistenzregionen (dedizierte Speicherbereiche, s.a. Kapitel 3.6.2) unterschiedliche Konsistenzmodelle zu implementieren. Die Verwaltung des VVS und seiner Konsistenzregionen bildet in Rainbow OS also die Basis für die Möglichkeit, verteilte Datenstrukturen mit unterschiedlichen Konsistenzeigenschaften anzulegen und zu verwenden, je nach Zielsetzung und Verwendungszweck. Ausgangspunkt für die Verwaltung multikonsistenter Datenstrukturen ist, neben den bereits beschriebenen Konsistenzregionen, ein neuartiges Objektformat, welches im folgenden Kapitel vorgestellt wird.

4.2.2 Split Objects

Eines der primären Ziele von Rainbow OS ist, neben der Verteilung, die Unterstützung multikonsistenter Datenstrukturen, so dass beliebige Konsistenzmodelle vom Benutzer definiert und verwendet werden können, um den Anforderungen seiner Anwendungen gerecht zu werden und dabei eine optimale Performanz zu ermöglichen (s.a. Kapitel 3.6.2). Damit hierbei die Möglichkeit, beliebige Konsistenzmodelle nutzen zu können, nicht zu inkonsistenten Verwaltungsstrukturen oder zu fehlerhaften sowie ungültigen Zuständen im Gesamtsystem führen, weil bspw. ein schwächeres Konsistenzmodell nur unzureichenden Schutz bietet, verwendet Rainbow OS und seine Speicherverwaltung ein besonderes Objektformat. Mit diesem lässt sich einerseits die Typsicherheit und Integrität des Systems gewährleisten und andererseits bietet es die Möglichkeit, beliebige Konsistenzmodelle zu verwenden.

Ein Objekt ist für eine Speicherverwaltung lediglich ein Container für semantisch zusammenhängende Datenstrukturen, welche sowohl primitive Datentypen (sog. Skalare) als auch Referenzen auf andere Objekte umfassen können. Für gewöhnlich werden solche Datenstrukturen als ein zusammenhängender Block (Objekt) im Speicher abgelegt, wobei dieser Vorgang sowie der interne Aufbau eines Objekts nicht nur von der verwendeten Hardware[12] abhängt, sondern auch von dem eingesetzten Compiler.

Rainbow OS Objekte besitzen grundsätzlich ein doppelköpfiges Layout im Speicher (s. Abbildung 4.2), bei dem zuerst Referenzen, gefolgt von Skalaren, in aufsteigender Form und ihrer Definition entsprechend im Speicher abgelegt werden. Ausgehend von einer Objektreferenz, die

---

[12]Zum Beispiel wird die Byte-Reihenfolge innerhalb der Speicherorganisation entweder nach dem „Little Endian" oder dem „Big Endian" Format organisiert, je nach Architektur.

4.2 Verwaltung verteilter, multikonsistenter Speicherbereiche

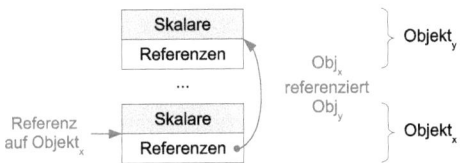

Abbildung 4.2: Doppelköpfiges Format von Rainbow OS Objekten, bei denen Referenzen und Skalare gruppiert organisiert werden.

diese beiden Bereiche voneinander separiert, lassen sich sowohl einzelne Referenzen als auch die übrigen Felder eines Objekts bequem auslesen (bspw. zum Zeitpunkt der Speicherbereinigung), ohne dass hierfür zusätzliche Informationen von der Laufzeitumgebung oder ähnlichem notwendig sind.

Aufgrund der Eigenschaft, dass Objekte semantisch zusammenhängende Datenstrukturen umfassen, ist die Verwendung verschiedener Konsistenzmodelle für einzelne Elemente nur schwer umzusetzen, wenn trotzdem Typsicherheit sowie Integrität ihrer Strukturen gewährleistet werden sollen und die gegebenen Objektstrukturen sowie deren Organisation im Speicher unverändert bleiben sollen. In diesem Fall müssten erweiterte Mechanismen innerhalb der Konsistenzsicherung (s.u.) oder auf der Ebene der Datenkommunikation dies sicherstellen können und zudem die Funktionalität besitzen, unterschiedliche Konsistenzmodelle für einzelne Objekte und ihre Felder umzusetzen und angemessen verwalten zu können, wodurch allerdings auch deren Komplexität und Verarbeitungszeiten beträchtlich steigen können. In Anbetracht eines verteilten Speichers mit seitenbasierten Datenaustausch, würden solche Mechanismen nicht nur eine Möglichkeit zur semantischen Interpretation einzelner Seitendaten erfordern, sondern darauf aufbauend auch eine angepasste Behandlung einzelner Seiteninhalte, wodurch die Vorteile und der Performanzgewinn eines seitenbasierten Systems, welches von der Hardware unterstützt wird, u.U. verloren gehen und sich die Komplexität innerhalb der Konsistenzsicherung um ein Vielfaches erhöht und damit nur schwer beherrschbar werden könnte. Aus diesen Gründen verwendet Rainbow OS ein besonderes Objektdesign, welches durch eine gezielte Erweiterung des doppelköpfigen Objektformats beliebige Konsistenzmodelle unterstützen kann, ohne dabei einen negativen Einfluss auf die Performanz zu haben und die Komplexität sowie das Risiko für das Gesamtsystem zu erhöhen. Dazu gehört insbesondere auch die einfache Verwendungsmöglichkeit für den Anwendungs- sowie Systementwickler, um von multikonsistenten Datenstrukturen profitieren zu können. Mit den sog. Split Objects erweitert Rainbow OS das ursprünglich doppelköpfige Objektformat um einen separaten, indirekten Teil für Datenfelder (s. Abbildung 4.3). Dieser lässt sich an beliebiger Position im Speicher ablegen und muss demzufolge nicht

4 Verwaltung multikonsistenter und verteilter Speicherstrukturen

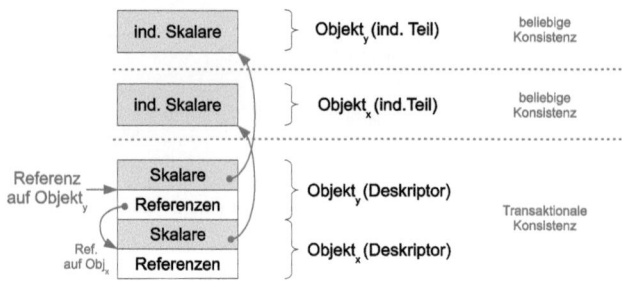

Abbildung 4.3: Split Objects sind eine Erweiterung des doppelköpfigen Objektformats um einen zusätzlichen, indirekten Datenteil.

unmittelbar an den ursprünglichen Teil eines Objekts angrenzen, so dass sich mit dieser Vorgehensweise Daten eines Objektes an zwei voneinander unabhängigen Orten im Speicher befinden können und somit auch in unterschiedlichen Konsistenzregionen (s. Kapitel 3.6.2). Aufgrund der Granularität jeder Konsistenzregion lassen sich die Vorzüge eines seitenbasierten VVS und der korrespondierenden Implementierung in Rainbow OS auch bei der Realisierung multikonsistenter Datenstrukturen ausnutzen, so dass sämtliche Protokolle wie gewohnt auf Basis einzelner Speicherseiten arbeiten können, ohne dabei ihren Inhalt interpretieren und auswerten zu müssen. Aufgrund der einfachen Indirektion lassen sich die indirekt gespeicherten Daten eines Objekts sehr leicht zur Laufzeit im Speicher verschieben, um bspw. die zugrunde liegende Konsistenzregion und damit die Konsistenz der Daten zu wechseln (s.a. Kapitel 3.6.3), ohne dass diese Form der Datenspeicherung zu nennenswerten Verlusten bei Zugriffen führt[13].

Neben den bereits genannten Vorteilen der Split Objects eignet sich ihr Format besonders gut als Ausgangsbasis für den Schutz der Typsicherheit und der Systemintegrität, welche durch schwächere Konsistenzmodelle bewusst oder unbewusst gefährdet sein könnten, wenn bspw. bei der Implementierung multikonsistenter Datenstrukturen nicht zwischen kritischen und unkritischen Daten differenziert wird. Kritisch für die Typsicherheit und das System sind prinzipiell alle Referenzen im Speicher, weil diese bei fehlerhaften Werten nicht nur zu unerwarteten Laufzeitverhalten führen können, sondern u.U. auch das gesamte System in der Art korrumpieren, dass von unberechtigt ausgeführtem Code bis hin zum totalen Absturz des Systems und dem damit verbundenen Datenverlust alles möglich wäre. Mit Hilfe des neu eingeführten Layouts lassen sich solche Probleme und Risiken einfach vermeiden, wenn lediglich für den indirekten Teil eines Objekts schwächere Konsistenzmodelle wählbar/nutzbar sind und der sog. Deskriptor

---

[13]Der zeitliche Unterschied zwischen dem Zugriff auf direkt und indirekt gespeicherte Daten beträgt lediglich eins bis zwei Nanosekunden.

4.2 Verwaltung verteilter, multikonsistenter Speicherbereiche

eines Objekts, in dem stets alle Referenzen gekapselt sind, einem strengeren Konsistenzmodell unterliegt, welches genannte Anforderungen zur Wahrung der Systemintegrität erfüllt. In Rainbow OS unterliegen deshalb alle Objekt-Deskriptoren stets der Transaktionalen Konsistenz, welche sicherstellt, dass Referenzen nicht fehlerhaft manipuliert werden können oder wichtige Datenstrukturen des Systems aufgrund einer zu schwachen Konsistenz zu unerwünschten Verhalten im System führen. Demgegenüber können alle indirekt gespeicherten Objektdaten beliebigen und den Zielsetzungen entsprechend angepassten Konsistenzmodellen unterliegen, so dass sich die Konsistenzbedingungen gezielt für eine Anwendung anpassen lassen, um optimale Ergebnisse hinsichtlich ihrer Performanz zu erhalten, ohne hierbei die Laufzeitumgebung oder Kernstrukturen von Rainbow OS zu gefährden. Natürlich lassen sich auch alle Felder eines Objekts transaktional konsistent verwalten, ohne dass hierbei eine Indirektion zwingend erforderlich ist, wenn sämtliche Skalare innerhalb des Deskriptors gespeichert werden. Für diesen Fall hat der Programmierer die Möglichkeit, seine Skalare selektiv mit einer sog. Annotation zu versehen, wenn sie ein Bestandteil des Deskriptors sein sollen. Skalare ohne eine solche Annotation durch den Programmierer werden immer indirekt abgespeichert und unterliegen damit vielleicht auch einem anderen Konsistenzmodell, als der dazugehörige Deskriptor, worauf in den folgenden Abschnitten näher eingegangen wird.

4.2.3 Allozierung multikonsistenter Objekte

Aufgrund der Unterstützung multikonsistenter Datenstrukturen und den damit verbundenen Objekteigenschaften in Rainbow OS lassen sich bekannte Verfahren der Literatur (s.a. Kapitel 4.1) nur schwer ohne umfangreiche Anpassungen für die Verwaltung und Vergabe von freien Speicher einsetzen. So werden bei der Allozierung von neuen Objekten i.d.R. zwei freie Speicherbereiche benötigt, für Deskriptor und indirekte Skalare, welche dabei womöglich unterschiedlichen Konsistenzmodellen unterliegen, so dass es nicht sinnvoll ist, den insgesamt verfügbaren Speicher als einzelnen freien Bereich zu verwalten, der sich über alle Konsistenzregionen erstreckt und aus dem sämtliche Speicheranfragen bedient werden. Weiterhin sollten Speicheranfragen möglichst schnell und frei von Kollisionen (s.a. Kapitel 3.6.1) bearbeitet werden können, so dass die Aktivitätsträger der einzelnen Knoten eine möglichst hohe Performanz in ihrer Ausführung erreichen können, ohne dabei durch eine erhöhte sowie unnötige Komplexität innerhalb der Speichervergabe negativ beeinflusst zu werden.

In Anbetracht dieser Zielsetzungen ist ein Verfahren, ähnlich der Unterallozierung [Tra96] für Rainbow OS empfehlenswert, bei dem jeder Knoten seine Objekte in separaten, ihm zugeord-

4 Verwaltung multikonsistenter und verteilter Speicherstrukturen

neten Bereichen (mittels sog. Allokatoren) allozieren kann, um so die Anzahl der möglichen Kollisionen sowie die notwendige Kommunikation zwischen den einzelnen Knoten im Cluster zu minimieren. Dabei umfasst die Größe der jeweils durch einen Allokator verwalteten Speicherbereiche stets ein Vielfaches einer logischen Seite (entsprechend einem seitenbasierten VVS) und ist für jeden Knoten zunächst vorgegeben, so dass sich die Verwaltung bei der Erstellung neuer Allokatoren sich nicht auf zusätzlich angelegte Heuristiken abstützen muss, welche im Einzelfall unangemessene Resultate liefern können und zudem zusätzlichen Verwaltungsaufwand verursachen.

Damit diese Strategie die maximale Größe eines zu allozierenden Objekts oder die Anzahl der möglichen Knoten nicht einschränkt (s.a. Kapitel 4.1.1), können Speicheranfragen bei Bedarf auch durch einen clusterweiten Speichermanager bedient werden, bei dem es sich selbst auch um einen Allokator handelt, der zunächst den gesamten transaktional konsistenten Bereich umfasst und für die Erzeugung weiterer Allokatoren in diesem Bereich dient (s. Abbildung 4.4). Folglich dienen Allokatoren nicht nur als Platzhalter für zukünftig angelegte Objekte, sondern auch für weitere Allokatoren, um so bspw. größere Speicherbereiche vorab und exklusiv für bestimmte Anwendungen oder einzelne Knoten reservieren zu können. In Verbindung mit diesen Allokatoren, deren Aufbau im folgenden Abschnitt detaillierter erläutert wird, ist der gesamte logische Adressraum in einzelne Konsistenzregionen (s. Kapitel 3.6.2) unterteilt, um den unterschiedlichsten Konsistenzmodellen eine geeignete Basis zu bieten. Infolgedessen basiert die Verwaltung des gesamten VVS in Rainbow OS einerseits auf Allokatoren, mit denen sich Objekte sowie weitere Allokatoren leicht allozieren lassen, und andererseits auf einem sog. Region Manager, welcher für die Verwaltung der Konsistenzregionen zuständig ist und bei Bedarf die Erzeugung neuer Allokatoren unterstützt.

4.2.3.1 Allokatoren als Spezialfall der Split Objects

Allokatoren sind spezielle Objekte in Rainbow OS, die einen größeren Speicherbereich abdecken und verwalten können. Sie selbst benötigen dabei lediglich einen sehr geringen Teil des Speicherplatz zur Verwaltung ihrer eigenen Daten, wie bspw. ihr noch verfügbarer sowie bereits verbrauchter Speicherplatz. Die Allozierung neuer Objekte reduziert die verfügbare Kapazität des betroffenen Allokators um die jeweils benötigte Objektgröße. Demzufolge schrumpft der Allokator bei jeder Objekterzeugung, bis seine Kapazität aufgebraucht ist und lediglich der Teil mit den eigenen Verwaltungsinformationen im Speicher übrig bleibt und ggf. von der Freispeichersammlung eingesammelt oder für eine letzte Allozierung genutzt werden kann. Dem zweigeteilten Objektformat entsprechend besitzen auch die Allokator-Objekte einen Deskriptor

4.2 Verwaltung verteilter, multikonsistenter Speicherbereiche

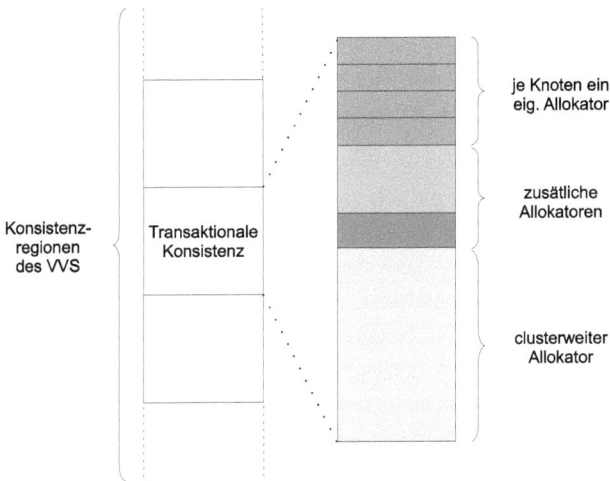

Abbildung 4.4: Dieses Beispiel zeigt mehrere Allokatoren, die den Speicherbereich innerhalb einer Konsistenzregionen verwalten und Speicheranfragen für die Allozierung neuer Objekte entgegennehmen können.

und einen indirekten Teil, welcher wie bei den Objekten im Speicher nicht direkt aufeinander folgen muss. Im Gegensatz zu einem normalen Objekt enthält der indirekte Teil eines Allokators keine eigenen Daten und kann damit vollständig für die Vergabe von indirekt genutzten Speicher verwendet werden. Lediglich zu Beginn des Deskriptors wird ein kleiner Teil für sämtliche Referenzen und Skalare des Allokators selbst reserviert, wie sie durch seine Implementierung definiert sind. Der verbleibende Rest des Deskriptors dient, wie der indirekte Teil auch, als Platzhalter für zukünftige Objekte, welche bei ihrer Allozierung den betroffenen Allokator und seine beiden Bereiche „schmelzen" lassen.

Aufgrund der bereits genannten Anforderungen wie Typsicherheit und Systemintegrität unterliegt der Deskriptor eines Allokators stets der Transaktionalen Konsistenz, wodurch dies auch implizit für sämtliche Deskriptoren der allozierten Objekte im VVS gilt. Im Gegensatz dazu kann der indirekte Teil eines Allokators einem beliebig gewählten und implementierten Konsistenzmodell unterliegen, so dass auch die indirekten Skalare aller Objekte, die durch ihn alloziierten werden, automatisch diesem unterliegen. Der Vorteil, den diese Vorgehensweise bietet, liegt in der einfachen Handhabung durch den Programmierer, weil dieser die gewünschte Konsistenz seiner Objekte nicht speziell definieren muss, sondern lediglich vor ihrer Allozierung

4 Verwaltung multikonsistenter und verteilter Speicherstrukturen

den passenden Allokator auswählt, um das gewünschte Konsistenzmodell für seine Daten zu nutzen. Auf diese Weise unterstützt die Speicherverwaltung von Rainbow OS nicht nur die Verwendung mehrerer Konsistenzmodelle, sondern vereinfacht auch deren Verwendung im Vergleich zu anderen Systemen maßgeblich (s.a. Kapitel 3.5).

Neben der eigenen Kapazität und der aktuellen Auslastung besitzt jeder Allokator noch eine Liste mit sämtlichen Objekten, die sich innerhalb seines Speicherbereichs befinden und nicht mehr genutzt werden und zuvor durch die Freispeichersammlung zur Wiederverwendung freigegeben wurden. Solche Objekte, auch Leerobjekte genannt, können dabei prinzipiell zentral oder durch den ursprünglichen Allokator, mit dem das Objekt in der Vergangenheit angelegt wurde, verwaltet werden. Letztere Vorgehensweise bietet sich insbesondere dann an, wenn die Allokatoren Speicherbereiche mit unterschiedlicher Konsistenz verwalten oder für individuelle Speicheranfragen einer bestimmten Anwendung dienen, so dass sich der Speicherplatz der Leerobjekte entsprechend der zugrunde liegenden Konsistenz oder Anwendung wiederverwenden lässt. Auch im Fall einer clusterweiten Verwaltung sämtlicher Leerobjekte wäre eine Wiederverwendung unter Berücksichtigung verschiedener Konsistenzmodelle möglich, würde aber im Vergleich zur direkten Verwaltung mittels dem ursprünglichen Allokatoren mehr Aufwand

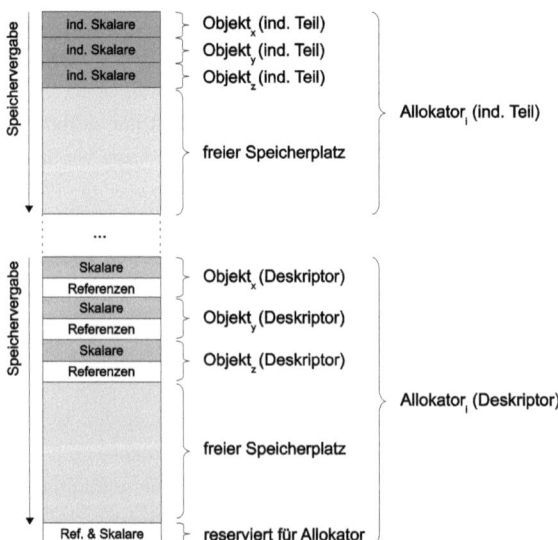

Abbildung 4.5: Ein Allokator dient mit seinen beiden Bereichen als Platzhalter für die Allozierung von Objekten (Deskriptor und indirekte Skalare).

4.2 Verwaltung verteilter, multikonsistenter Speicherbereiche

bei der Wiederverwendung oder einer möglichen internen Speicherkompaktierung verursachen, da für jedes Leerobjekt nicht nur der verfügbare Platz ermittelt werden muss, sondern auch die Konsistenz seiner indirekt gespeicherten Daten, was wiederum auch das Zusammenfassen benachbarter Deskriptoren erschwert, wenn ihre indirekten Skalare unterschiedlichen Konsistenzmodellen unterliegen. Organisieren die Allokatoren die durch sie allozierten und von der Freispeichersammlung freigegebenen Objekte selbst, so unterliegen all diese Leerobjekte dem gleichen Konsistenzmodell und können somit bei Bedarf leicht zu größeren Bereichen zusammengefasst werden oder neu organisiert werden. Unabhängig von der Zuständigkeit der Leerobjekte, können diese dabei in mehreren, nach Größe organisierten Listen verwaltet werden, so dass sich die Suche nach einem passenden Speicherplatz aufgrund der gegeben Vorsortierung schneller durchführen lässt.

4.2.3.2 Region Manager

Für die Organisation unterschiedlicher Konsistenzmodelle und der Initialisierung der ersten Allokatoren verwendet Rainbow OS eine clusterweite Instanz, mit deren Hilfe sich der jeweils erste Allokator für ein beliebige Konsistenzregion erstellen lässt. Ein sog. Region Manager verwaltet zu diesem Zweck sämtliche Konsistenzregionen des logischen Adressraums (s. Kapitel 3.6.2) und vergibt diese bei Bedarf an Allokatoren bei ihrer Initialisierung, wenn diese neu und unabhängig von existierenden Allokatoren erstellt werden. Ob hierbei der gesamte Speicherbereich einer Region dem neuen Allokator zugeordnet wird, von dem sich anschließend weitere Allokatoren mit entsprechender Konsistenz allozieren lassen, oder lediglich ein Teil einer Konsistenzregion vergeben wird, lässt sich den mit Hilfe des Region Manager beliebig variieren. Infolgedessen verwaltet dieser nicht nur die Menge der Konsistenzregionen, sondern auch deren jeweilige Kapazität, um bei Bedarf mehrere Allokatoren in einer Region erstellen zu können, wenn der entsprechende Speicherbereich noch nicht durch einen Allokator verwaltet wird, mit dem diese erstellt werden könnten.

In Anbetracht der Eigenschaft, dass sich sämtliche Deskriptoren stets innerhalb einer Konsistenzregion befinden, die sich unter Kontrolle der Transaktionalen Konsistenz befindet, ist zu erwarten, dass es zur Laufzeit typischerweise mehr transaktional konsistente Regionen geben wird, als von einem anderen Konsistenzmodell. Aufbauend auf dieser Annahme vergibt der Region Manager neue Konsistenzregionen gegenläufig, vergleichbar zu der aus der Literatur bekannten Speichervergabe von Stack und Heap, so dass transaktional konsistente Regionen in aufsteigender und alle anderen in absteigender Form vergeben werden. Der große Vorteil dieser Vorgehensweise liegt darin, dass der gesamte VVS, aufsteigend bis zu einer bestimmten Adres-

4 Verwaltung multikonsistenter und verteilter Speicherstrukturen

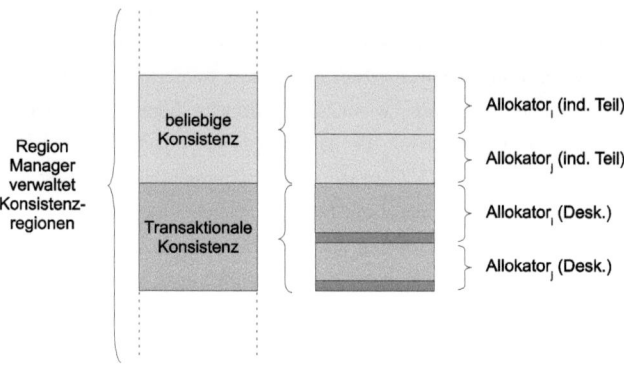

Abbildung 4.6: Der Region Manger verwaltet sämtliche Konsistenzregionen und unterstützt bei Bedarf die Erzeugung neue Allokatoren.

se, der Transaktionalen Konsistenz unterliegt und damit ein einfacher Adressvergleich (anstelle der Konsultierung einer Tabelle oder ähnlichem) für die Zuordnung transaktional konsistenter Speicherzugriffe ausreichend ist. Weiterhin gestaltet sich auch die dynamische Erweiterung auf der lokalen Ebene (s. Kapitel 3.6.3), wie bspw. bei den Mechanismen der Konsistenzprotokolle und deren Kommunikation, einfacher, weil transaktional konsistente Regionen immer als ein zusammenhängender Bereich (ein sog. TDM) behandelt werden können.

Das Zusammenspiel von Allokatoren und Region Manager (s. Abbildung 4.6) bleibt für den Benutzer vollkommen transparent. Dieser wählt lediglich seinen Allokator, entsprechend dem gewünschten Konsistenzmodell, welches seinen Anforderungen gerecht wird, oder erstellt bei Bedarf einen neuen, mit dem anschließend Objekte alloziert werden können, deren indirekte Skalare u.U. einer schwächeren Konsistenz unterliegen, als dies bspw. bei der Transaktionalen Konsistenz der Fall wäre.

4.2.3.3 Winglets

Die Verwaltung und Vergabe von freiem Speicher ist meist nur ein Teil einer modernen Speicherverwaltung, welche darüber hinaus oftmals auch die Funktionalität besitzt, vergebene aber nicht mehr verwendete Speicherbereiche in Form von Objekten mit Hilfe einer Freispeichersammlung erkennen und einsammeln zu können oder den Speicher bei Bedarf zu reorganisieren (Speicher-Kompaktierung). Mit Hinblick auf solche oder vergleichbare Aufgabenbereiche benö-

4.2 Verwaltung verteilter, multikonsistenter Speicherbereiche

tigt die Speicherverwaltung eine Möglichkeit, sämtliche Objekte und die zugrunde liegenden Speicherbereiche, die von ihr vergeben wurden, erfassen zu können, unabhängig davon, ob und wie diese aktuell genutzt werden.

Ein nahe liegender und leicht umzusetzender Ansatz wäre eine direkte Verkettung, so dass bspw. bereits bei der Speichervergabe das allozierte Objekt einen Verweis auf das vorherige Objekt erhält und sich damit zu jeder Zeit sämtliche Objekte und ihre korrespondierenden Speicherbereiche auffinden lassen, vergleichbar mit der Funktionsweise einer linearen Liste. Allerdings hat diese Verfahrensweise den Nachteil, dass die Verkettung u.U. nachträglich angepasst werden muss, wenn bspw. Objekte verschoben werden, wodurch sich auch Referenzänderungen (Schreibzugriffe) in einzelnen Objekten ergeben können, die gar nicht direkt betroffen sind, sondern nur einen Verweis auf das verschobene Objekt besitzen. Um dies und damit einen direkten Zugriff auf dritte Objekte im Fall einer Reorganisation zu vermeiden, ist eine solche Art der Verkettung nicht geeignet, zumal sie in ihrer einfachen Form lediglich das Durchlaufen in eine Richtung ermöglicht und damit u.U. eine Reorganisation erschwert wird, weil immer nur die Nachfolger und nicht die Vorgänger direkt zugreifbar sind.

In Anbetracht dieser Anforderungen eignen sich außerhalb der Objekte organisierte Verwaltungsstrukturen besser, um jederzeit sämtliche Objekte im Speicher traversieren zu können, ohne diese selbst bei einer Reorganisation schreibend zugreifen zu müssen. Um dabei zusätzliche Tabellen oder ähnliche Datenstrukturen, die sowohl bei der Speichervergabe als auch im Fall der Reorganisation extra verwaltet werden müssten, zu vermeiden, werden alle Objekte in Rainbow OS mit sog. Winglets versehen. Winglets sind lediglich zwei Felder, die den Deskriptor eines Objekts bzw. dessen Speicherbereich umgeben und nicht zu dessen internen Struktur gehören, sondern bei ihrer Allozierung automatisch von der Speicherverwaltung hinzugefügt werden (s. Abbildung 4.7). Das untere Winglet, welches sich im Speicher direkt unterhalb des Objekts befindet, enthält die Anzahl der Referenzen des folgenden Objekts, wohingegen das obere Winglet, welches im Speicher direkt nach dem Objekt folgt, die Größe der Skalare enthält, so dass sich sowohl mit dem oberen als auch mit dem unteren Winglet die eigentliche Objektreferenz des umschließenden Objekts ermitteln lässt (s.a. Kapitel 4.2.2). Mit dieser Verfahrensweise lassen sich sämtliche Objekte bei Bedarf sowohl aufsteigend als auch absteigend traversieren, ohne dabei Objekte direkt miteinander verketten zu müssen. Weiterhin lassen sich auf diese Art auch alle indirekt gespeicherten Skalare ermitteln, ohne dass sie selbst mit entsprechenden Winglets versehen werden müssen, weil sie stets durch ihre korrespondierenden Deskriptoren ermittelt werden können und demzufolge auch ihre Anordnung im Speicher implizit durch diese gegeben ist. Im Fall der Reorganisation des Speichers bieten Winglets den großen Vorteil, dass sie selbst nicht angepasst werden müssen, weil sie bei Bedarf mit ihrem Objekt verschoben

4 Verwaltung multikonsistenter und verteilter Speicherstrukturen

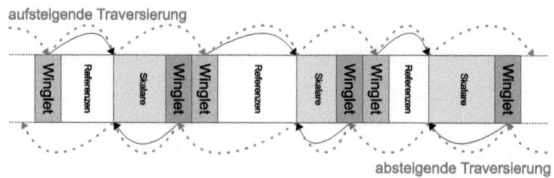

Abbildung 4.7: Winglets umschließen sämtliche Objekte und ermöglichen die Traversierung des Speichers in aufsteigender sowie absteigender Form.

werden können und selbst keine festen Adressen enthalten, die angepasst werden müssten.

Mit Hilfe der Winglets wäre auch eine Traversierung aller Objekte möglich, bei der nie direkt auf die Objekte im Speicher zugegriffen werden muss, wenn das untere Winglet nicht wie oben beschrieben die Anzahl der Referenzen enthält, sondern die gesamte Größe seines Objekts, wodurch das nächste Winglet direkt angesprungen werden kann. Das obere Winglet hingegen würde in diesem Fall weiterhin die Größe der Skalare enthalten, um bei Bedarf direkt auf das umschließende Objekt zugreifen zu können. Diese Form der Winglets würde ein schnelle Traversierung sämtlicher Objekte begünstigen, wenn diese selbst nicht berührt werden sollen, weil andernfalls noch das obere Winglet ausgelesen werden müsste. Im Gegensatz dazu begünstigt die oben genannte Organisation der Winglets einen schnellen Speicherdurchlauf, bei dem auf sämtliche Objekte zugegriffen werden soll, weil sowohl mit dem oberen als auch mit dem unteren Winglet direkt die Referenz auf das umschließende Objekt ermittelt werden kann. Infolgedessen ist diese Art der Winglets im Hinblick auf die Freispeichersammlung, bei der prinzipiell jedes Objekt im Speicher betrachtet werden soll, die bessere Wahl.

4.3 Aspekte der Transaktionalen Konsistenz

Eine Voraussetzung für die korrekte Funktionsfähigkeit von Rainbow OS und seine verteilten Anwendungen ist die Wahrung der Typsicherheit und der Systemintegrität, weshalb alle verteilten Systemkomponenten stets der Transaktionalen Konsistenz (s. Kapitel 3.6.1) unterliegen und somit immer innerhalb des TDM (welcher eine Teilmenge des VVS ist) gespeichert werden. In Anbetracht der Tatsache, dass die Transaktionale Konsistenz derzeit die stärkste Form der Konsistenzsicherung in Rainbow OS darstellt, werden systemkritische Speicherinhalte wie bspw. zur Verwaltung und Vergabe von freien Speicher durch diese vor inkonsistenten Zuständen bewahrt werden, wie generell sämtlicher ausführbarer Code in Rainbow OS. Infolgedessen lassen

4.3 Aspekte der Transaktionalen Konsistenz

sich sowohl verteilte Anwendungen im Rahmen der Transaktionalen Konsistenz ausführen als auch Systemfunktionen mit ihrem Datenbestand, insofern diese verteilt werden können. So lassen sich bspw. einzelne Treiber (wie Netzwerkkartentreiber) oder Teile der Kommunikation auf Netzwerkebene nicht im Cluster verteilen, weil sie selbst die Voraussetzung und damit Teil der Infrastruktur eines Clusters sind, ohne die der Start bzw. der Betrieb einzelner Knoten nicht möglich wäre. Andererseits bietet die Konsistenz des TDM auch die Möglichkeit, Systemkomponenten verteilt zu verwalten, so dass diese bei Bedarf auf andere Knoten ausgelagert oder von diesen angefordert werden können und sich Datenstrukturen gemeinsam nutzen lassen, vergleichbar zu verteilt ausgeführten Benutzerprogrammen. Zusätzlich erleichtert die Verteilung von System- und Programmcode mittels Transaktionaler Konsistenz auch ihre Wartung sowie Erweiterung zur Laufzeit, weil sich Code während des Betriebs partiell oder vollständig für alle gleichermaßen sichtbar neu übersetzen lässt (s.a. Kapitel 2.2.3), ohne dass ein Neustart des Gesamtsystems notwendig wird.

4.3.1 Nebenläufige sowie lockfreie Speicherallozierung

Ein wichtiger Aspekt für die Freispeicherverwaltung in einem verteilten System ist u.a. die Behandlung von zeitgleich durchgeführten Anfragen, initiiert von unterschiedlichen, parallel ausgeführten Aktivitätsträgern im Cluster. Eine Möglichkeit, Konflikte konkurrierender Zugriffe zu vermeiden, ist die Allozierung in unterschiedlichen Speicherbereichen, so dass jeder Knoten Speicheranfragen mit seinem Bereich bedient und auf diese Weise konkurrierende Zugriffe vermieden werden (s.a. Kapitel 4.2.3.1). Allerdings ist diese Vorgehensweise nur so lange geeignet, so lange dem Knoten noch ausreichend Platz für seine Speicheranfragen zur Verfügung steht. Ist die Kapazität erschöpft oder der benötigte Speicherplatz zu groß, dann können entsprechende Anfragen nicht mehr durch den Knoten direkt bedient werden, sondern nur noch durch die eigentliche Verwaltung des gesamten VVS.

Rainbow OS bietet zur Allozierung die oben beschriebenen Allokatoren, welche einen kleinen, exklusiv genutzten Speicherbereich umfassen können und damit konkurrierende Zugriffe vermeiden. Weiterhin können alle Knoten ihre Speicheranfragen jederzeit und bei Bedarf an einen clusterweiten Allokator richten, welcher diese ohne spezielle Mechanismen, wie bspw. Einigungsalgorithmen, Sperren oder ähnliches, koordinieren und bedienen kann. Die Transaktionale Konsistenz erlaubt es jedem Knoten in einer transparenten Art und Weise auf den Inhalt des dazugehörigen Speichers (TDM) zuzugreifen und damit auch zu beliebiger Zeit neue Objekte anzulegen. Innerhalb einer Transaktion besitzt jeder Knoten einen isolierten Zugriff auf den

4 Verwaltung multikonsistenter und verteilter Speicherstrukturen

gewählten Allokator, so dass Speicher nach Belieben und Verfügbarkeit alloziert werden kann und die eigentliche Synchronisation konkurrierender Zugriffe in den Aufgabenbereich der Transakionalen Konsistenz verschoben wird, welche hierbei die Konsistenz der Speicherverwaltung gewährleistet. Folglich ergibt sich bereits durch die Transaktionale Konsistenz eine Serialisierung konkurrierender Zugriffe (s.a. Kapitel 3.6.1), was auch für die auf einem Knoten ausgeführten Aktivitätsträger gilt, weil dessen Transaktionen kooperativ ausgeführt werden und in Folge ihrer Abgeschlossenheit nicht zu Konflikten untereinander führen können. Gleiches gilt auch für die Verwaltung und Vergabe von Konsistenzregionen durch den Region Manager, weil sich auch dieser unter Kontrolle der Transaktionalen Konsistenz befindet.

4.3.2 Transaktionale Gerätepuffer

In Anbetracht der transaktionalen Code-Ausführung und der Möglichkeit auch Treiber verteilt transaktional im Cluster zu implementieren, stellt sich die Frage, wie transaktional ausgeführte Treiber mit der entsprechenden Geräte-Hardware, welche nicht-transaktional arbeitet, interagieren können. Wird bspw. die Ausführung einer Treiber-Transaktion abgebrochen und diese zurückgesetzt, so führt die wiederholte Datenübertragung an die Hardware u.U. zu fehlerhaften oder inkonsistenten Zuständen. Umgekehrt ist auch das Auslesen von Gerätepuffern kritisch, da bereits gelesene Datenbereiche von der Hardware zur erneuten Verwendung überschrieben werden können, wodurch wiederholt ausgeführte Transaktionen u.U. unvollständige oder fehlerhafte Daten aus diesen Puffern lesen.

Eine Lösung um diese Problematik zu umgehen, wäre der Einsatz von spezieller Hardware, die ebenfalls nach einem transaktionalen Paradigma arbeitet. Sog. Transaktionale Geräte würden sich optimal mit der transaktionalen Ausführung ihrer Treiber in Rainbow OS kombinieren lassen, ohne dass spezielle Mechanismen das fehlerfreie Zusammenspiel zwischen Transaktion und Gerät gewährleisten müssen. Eine Geräte-Transaktion wäre erst dann abgeschlossen, wenn die korrespondierende Treiber-Transaktion im Cluster mittels Commit abgeschlossen wäre und damit der entsprechende Datentransfer dauerhaft übernommen werden könnte. Im Fall eines Abbruchs wäre lediglich die korrespondierende Transaktion im Gerät oder im System zurückzusetzen, so dass im Anschluss beide Transaktionen wiederholt ausgeführt werden können. Weil dem Autor zum Zeitpunkt dieser Arbeit kein Gerät bekannt war, welches nach einem transaktionalen Paradigma arbeitet, wird im Rahmen dieser Arbeit nicht weiter auf diese Möglichkeit der Zusammenarbeit eingegangen.

Um den fehlerfreien sowie verlustfreien Informationsaustausch zwischen transaktionaler und nicht-transaktionaler Ausführung zu gewährleisten, müssen Daten ggf. verzögert oder wiederholt bereitgestellt werden können. So lässt sich bspw. die Bedingung der Isolation einer aktuell ausgeführten Transaktion nur dann erreichen, wenn die von ihr in den Gerätepuffer übertragenen Informationen erst zum Zeitpunkt ihres Commits für die Hardware sichtbar werden und nicht bereits während ihrer Ausführung, die u.U. abgebrochen und anschließend wiederholt stattfinden kann. Gleiches gilt auch umgekehrt, wenn eine Transaktion Daten aus dem Gerätepuffer ausliest, dann können diese erst verworfen werden, wenn die lesende Transaktion erfolgreich beendet wurde und ihren Commit durchgeführt hat. Folglich muss nicht nur der korrekte Datentransfer zwischen Transaktion und Hardware sichergestellt werden, sondern auch ihre korrekte sowie vollständige Verarbeitung innerhalb der korrespondierenden Transaktion.

Um solch einen gesicherten und wiederholt ausführbaren Datentransfer zwischen Hardware und Transaktion zu ermöglichen, wird neben dem eigentlichen Gerätepuffer noch ein zusätzlicher Mechanismus benötigt, der die Zugriffe auf den Puffer entsprechend regelt und oben genannte Fehlerfälle vermeidet. Eine Implementierungsmöglichkeit wäre die zusätzliche Verwendung von einem Flag und einer weiteren Transaktion, die stets im Anschluss an die Treiber-Transaktion ausgeführt wird und der Hardware mittels Flag signalisiert, dass die zuvor ausgeführte Treiber-Transakation erfolgreich beendet wurde und der entsprechende Inhalt im Gerätepuffer verarbeitet oder gelöscht werden kann. Auf diese Weise überschreibt oder übernimmt die Hardware nur bereits verarbeitete Daten, so dass eine abgebrochene Treiber-Transaktion den Gerätepuffer wiederholt auslesen oder beschreiben kann, ohne dass dies zu Konflikten führt.

Angelehnt an diese Vorgehensweise bietet Rainbow OS dem Entwickler für diese Art der Interaktion zwischen transaktionaler und nicht-transaktionaler Ausführung einen effizienten und einfach zu nutzenden Datenpuffer in Form der sog. Smart Buffers (SB) (s. Abbildung 4.8). Die SBs dienen in Rainbow OS als Bindeglied zwischen transaktional ausgeführten Treibern und nicht-transaktionaler Hardware. Sie ermöglichen damit einerseits die wiederholte Bereitstellung der Daten von Seiten der Hardware, sowie den gesicherten Datentransfer an diese, von Seiten der Treiber-Transaktionen, so dass im Fall eines Abbruchs weder die Informationen im Datenpuffer verloren gehen noch verfrüht übermittelt werden.

Die Organisation des SB ist vergleichbar mit der eines Ringpuffers, bei dem mit Hilfe von zwei getrennt organisierten Zeigern Daten in einen dedizierten Speicherbereich geschrieben sowie ausgelesen werden können. Die genaue Bedeutung der beiden Zeiger ist dabei vom Verwendungszweck des SB abhängig. Dient dieser als Eingabe für die Hardware, so verwendet diese den Lesezeiger zum Auslesen des Inhalts und die entsprechende Transaktion den Schreibzeiger, um Daten für die Hardware in den Puffer zu schreiben. Bei der Verwendung als Ausgabepuffer

4 Verwaltung multikonsistenter und verteilter Speicherstrukturen

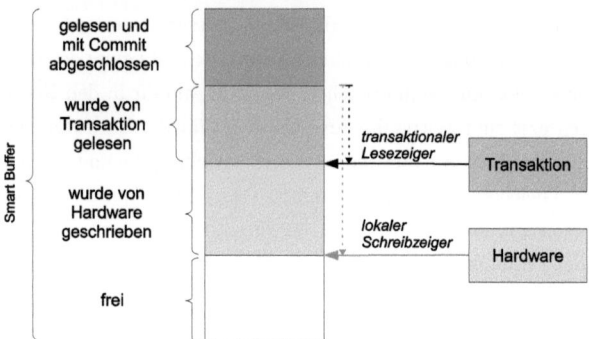

Abbildung 4.8: Smart Buffer als Bindeglied zwischen nicht-transaktionaler Hardware (Schreiber) und transaktionaler Ausführung (Leser).

werden beide Zeiger in umgekehrter Weise genutzt, so dass die Transaktion mittels Lesezeiger die zuvor von der Hardware bereitgestellten Inhalte auslesen kann. Um die korrekte Funktionsweise im Zusammenhang mit der transaktionalen Ausführung gewährleisten zu können, wird einer der beiden Zeiger transaktional konsistent verwaltet, so dass ein Transaktions-Abbruch auch das Zurücksetzen dieses Zeigers impliziert, und der zweite Zeiger sowie der eigentliche Datenpuffer des SB lokal verwaltet, so dass diese nicht der Transaktionalen Konsistenz und dem Rücksetzungsprozess unterliegen. Die aktuell verfügbare Kapazität des Puffers lässt sich durch einen einfachen Vergleich der beiden Zeiger ermitteln, unter Berücksichtigung der Eigenschaften eines Ringpuffers.

Im Vergleich zu den üblichen Objekten im Cluster ist ein SB etwas spezieller, weil sein eigentlicher Datenpuffer kein Element des VVS ist und damit auch nicht im Aufgabenbereich der transaktionalen Speicherverwaltung sowie Konsistenzsicherung liegt (s. Abbildung 4.9). Aufgrund dieser Vorgehensweise besitzt jeder Cluster-Knoten in Rainbow OS noch einen individuellen und lokale Allokator[14], welcher im Gegensatz zu den einfachen Speicherpools des lokalen Kerns im verteilten Kern verankert ist und damit innerhalb der transaktionalen Ausführung genutzt und zugegriffen werden kann. Die Besonderheit eines lokalen Allokators besteht darin, dass er Teil der Lokalen Konsistenz ist und jedem Knoten exklusiv zur Verfügung steht, weshalb auch keine Schattenkopien erstellt werden und ein Transaktions-Abbruch kein Zurücksetzen seines Speicherinhalts bewirkt. Diese Eigenschaften entsprechen den Anforderungen des SB, weshalb das SB-Objekt zwar innerhalb einer Transaktion alloziert wird, aber für seine Initialisierung

---

[14]Aufbau sowie Verwaltung sind identisch zum verteilten Fall, dies gilt insbesondere auch für das Objektformat.

4.3 Aspekte der Transaktionalen Konsistenz

der lokale Allokator genutzt wird, um den zugehörigen Datenpuffer anzulegen, so dass dieser anschließend sowohl von der Hardware, als auch von der korrespondierenden Transaktion für den Datentransfer verwendet werden kann. Bei einem Abbruch der Transaktion wird lediglich der entsprechende Zeigerwert im SB-Objekt zurückgesetzt, so dass die Daten wiederholt gelesen oder erneut geschrieben werden können. Auf der anderen Seite verwaltet die Hardware ihren Schreib- oder Lesezeiger selbst, welcher lokal und damit einfach abgeglichen werden kann. Lediglich die Hardware benötigt eine spezielle Routine für den Zugriff auf den transaktional konsistenten Zeiger im SB-Objekt, um einerseits den Inhalt des Datenpuffers vor einem verfrühten Überschreiben zu schützen und andererseits um sicherzustellen, dass der Zeigerwert konsistent ist und nicht durch eine aktuell laufende Transaktion verändert wird. Letzteres lässt sich auf zwei unterschiedlichen Wegen feststellen und vermeiden, ohne hierbei die Hardware oder die Treiber-Transaktion blockieren zu müssen. Zum einen lässt sich solch eine Zeigermanipulation mit Hilfe der entsprechenden Schattenkopien feststellen, welche im Fall der Veränderung den ursprünglichen Seiteninhalt und damit auch die konsistente Zeigerposition beinhalten [Goe05]. Andererseits lässt sich dieser Aufwand leicht vermeiden, wenn die ursprüngliche Zeigerpositi-

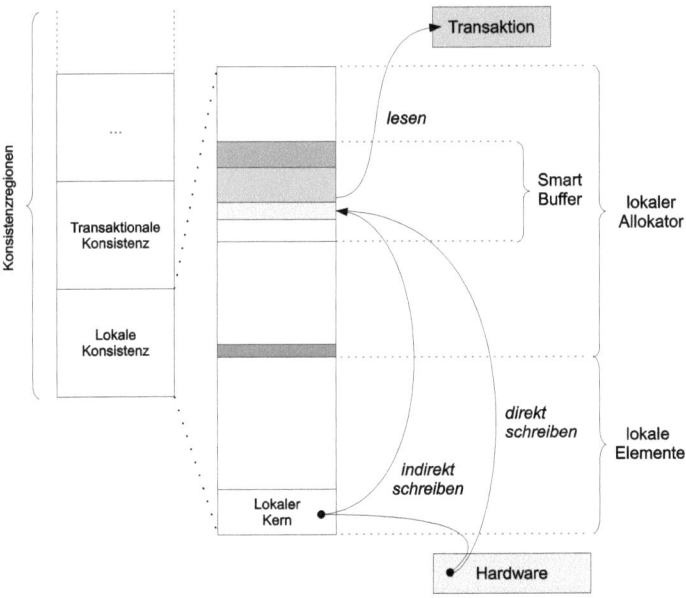

Abbildung 4.9: Lokaler Allokator dient u.a. als Platzhalter für Smart Buffer, mit denen bspw. Daten der Hardware transaktional verarbeitet werden können.

on mit Hilfe einer zusätzlichen Variablen im SB-Objekt gesichert wird, so dass diese stets die Zeigerposition des letzten Commits enthält und damit einen gültigen Wert liefert.

SBs in Kombination mit den lokalen Allokatoren bieten eine effiziente Möglichkeit die transaktionale Code-Ausführung mit der nicht-transaktionalen Funktionsweise diverser Geräte zu kombinieren, so dass sich die individuelle Hardware eines Knotens auch verteilt nutzen lässt. Des Weiteren bietet der lokale Allokator die Möglichkeit, sämtliche Daten, die verteilt aber individuell für jeden Knoten verwaltet werden sollen, lokal und damit ggf. auch geschützt vor Zugriffen fremder Knoten zu speichern.

4.4 Zusammenfassung

In einem verteilten System mit gemeinsamen Speicher (VVS) spielt die Verwaltung und Organisation von freien Speicher eine zentrale Rolle, um einerseits die Ausführung verteilter Anwendungen sowie die Allozierung gemeinsam genutzter Datenstrukturen zu ermöglichen und andererseits eine korrekte Bearbeitung konkurrierender Speicheranfragen zu gewährleisten. Dabei bietet ein VVS durch seine Abstraktion von der physikalischen Verteilung prinzipiell eine zu einem Einzelplatzsystem vergleichbare Ausgangsbasis, um freien Speicher zu verwalten, weshalb hieran angelehnt mögliche Strategien für die Organisation und Vergabe von freien Speicher diskutiert und hinsichtlich unterschiedlicher Aspekte bzgl. der Verteilung beurteilt werden. Aufgrund des erhöhten Konfliktpotentials durch parallel durchgeführter Speicheranfragen einzelner Knoten werden in diesem Kapitel auch Möglichkeiten zur Koordination konkurrierender Anfragen ausführlich diskutiert, um so lang andauernde Verzögerungen oder gar Verklemmungen in den allozierenden Aktivitätsträgern zu vermeiden.

Mit Hinblick auf die gleichzeitige Unterstützung unterschiedlicher Konsistenzmodelle und den daraus entstehenden Risiken für die Integrität des Gesamtsystems, wird ein besonderes Objektformat (sog. Split Objects) vorgestellt, bei dem Referenzen und primitive Datentypen getrennt voneinander gespeichert werden können. Auf diese Weise lassen sich sämtliche Referenzen, deren Konsistenz essentiell für ein korrekt funktionierendes System ist, in einer transaktional konsistenten Region verwalten, wohingegen primitive Datentypen einem schwächeren Konsistenzmodell unterstellt werden können, ohne hierbei die Systemintegrität oder das Typsystem zu gefährden. Aufbauend auf diesem Objektformat und den zuvor diskutierten Strategien zur Speichervergabe, wird eine Speicherverwaltung entwickelt, die einerseits mit Hilfe von Allokator-Objekten und einem Region Manager eine effiziente und konfliktfreie Allozierung multikonsistenter Datenstrukturen ermöglicht und andererseits die Auswahl des gewünschten Konsistenzmodells für den Programmierer so einfach wie möglich gestaltet.

Des Weiteren werden in diesem Zusammenhang verschiedene Aspekte der Transaktionalen Konsistenz erörtert und dabei nicht nur auf eine lockfreie Behandlung nebenläufig ausgeführter Speicheranfragen eingegangen, sondern auch auf verteilte und transaktional ausgeführte Gerätetreiber und ihre Kommunikation mit der Hardware, welche typischerweise nicht-transaktional arbeitet. Infolgedessen wird eine Realisierung eines speziellen Datenpuffers (die sog. Smart Buffers (SB)) vorgestellt, mit denen ein korrekter sowie vollständiger Datentransfer zwischen Gerät und Treiber-Transaktion sichergestellt werden kann.

4 Verwaltung multikonsistenter und verteilter Speicherstrukturen

5 Bereinigung multikonsistenter, verteilter Speicherbereiche

5.1 Motivierung

Aktuelle Systeme oder Laufzeitumgebungen von Programmiersprachen bieten ihrem Benutzern oftmals eine automatische Speicherbereinigung[15], um nicht mehr referenzierte Objekte (auch tote Objekte genannt) und dessen Speicherplatz aufzufinden sowie einzusammeln. Im Gegensatz zu manuellen Verfahren entlasten diese nicht nur den Programmierer, sondern vermeiden ggf. auch eine fehlerhafte sowie unvollständige Speicherbereinigung durch explizites Freigeben seinerseits. Besonders im Zusammenhang mit komplexen sowie umfangreichen Systemstrukturen gestaltet sich eine manuelle Speicherbereinigung sehr schwierig und fehleranfällig, da bspw. ungültige Referenzen[16] auf bereits gelöschte Objekte zu nichtdeterministischen Systemzuständen führen oder sogar einen Totalausfall verursachen können. Neben diesem Fehlerpotential erhöht eine manuelle Speicherbereinigung auch den Aufwand für den Programmierer. Dieser ist zu einer vollständigen Buchführung seiner Datenstrukturen und deren Abhängigkeiten im Speicher gezwungen, welche sich insbesondere dann als schwierig gestaltet, wenn seine Objekte anwendungsübergreifend, parallel oder verteilt genutzt werden. Eine automatische Speicherbereinigung entlastet den Benutzer hierbei maßgeblich und bietet ihm einen höheren Abstraktionsgrad, vergleichbar zu einer einfachen sowie transparenten Speichervergabe, die den Benutzer von einer expliziten Freispeicherverwaltung entbindet.

Unabhängig von dem zugrunde liegenden System oder der verwendeten Programmiersprache und deren Laufzeitumgebung sind die Aufgaben einer automatischen Speicherbereinigung und die an sie gestellten Anforderungen gleich. Hierzu gehören neben dem effektiven Auffinden von nicht mehr referenzierten Objekten im Speicher auch das Einsammeln und ggf. die Wiederver-

---
[15]engl. Garbage Collection (GC)
[16]engl. Dangling Pointers/References

5 Bereinigung multikonsistenter, verteilter Speicherbereiche

wendung von nicht mehr verwendeten Speicherbereichen. Eine besondere Herausforderung ist es hierbei, den laufenden Betrieb des Systems so wenig wie möglich zu beeinträchtigen, wie bspw. Interaktionen zwischen Benutzern und seinen Anwendungen. Dies gilt im Besonderen bei Echtzeitsystemen, für die eine zeitnahe sowie fristgerechte Ausführung ihrer Prozesse essentiell ist. Dabei ist nicht nur der Algorithmus der Speicherbereinigung ausschlaggebend, sondern auch der Zeitpunkt ihrer Ausführung. Beginnt diese erst mit ihrer Arbeit, wenn bereits kein freier Speicher mehr zur Verfügung steht, beeinträchtigt dies auch alle anderen Aktivitätsträger, die weiterhin freien Speicher anfordern und aufgrund der späten Bereinigung zum Warten gezwungen werden. Eine periodisch bzw. bereits vorab ausgeführte Speicherbereinigung reduziert das Risiko des Wartens. Des Weiteren benötigt sie selbst, je nach Art der Implementierung ein gewisses Kontingent an freiem Speicherplatz für ihre Strukturen und Buchhaltung, so dass ein bereits erschöpfter Speicher die anschließende Bereinigung zusätzlich erschwert oder gar unmöglich macht.

5.2 Klassische Verfahren

Zu den bekanntesten Verfahren (s.a. [JL96]) für die Rückgewinnung von nicht mehr verwendeten Speicher gehören neben einem einfachen Referenzzähler auch referenzverfolgende Verfahren wie der Mark & Sweep oder kopierende Algorithmen. Wird bei der Rückgewinnung auch die Lebensdauer von Objekten berücksichtigt, so lassen sich Objekte mit sog. Generations-Verfahren in Abhängigkeit ihrer bisherigen Lebensdauer unterschiedlich betrachten und ggf. einsammeln. Ist die Lebensdauer bereits bei der Objekterzeugung limitiert und damit auf eine vorgegebene Dauer beschränkt, dann ist nicht nur die Erreichbarkeit (s.u.) ein Kriterium, um zwischen aktiven und toten Objekten zu unterscheiden, sondern auch die zur Verfügung gestellte Zeit. Die sog. Leasing-Verfahren bewerten Objekte bereits als tot, wenn deren verfügbare Zeit abgelaufen ist und diese ggf. nicht erneuert wurde. Im Folgenden werden die genannten Verfahren sowie deren Merkmale kurz vorgestellt.

5.2.1 Referenzzählende Verfahren

Verfahren, die sich für jedes Objekt die Anzahl der referenzierenden Objekte merken, sind eine sehr direkte Methode um den Status (aktiv oder tot) von Objekten zu erkennen. Ihr großer Vorteil liegt in der einfachen Umsetzung. Ein Zähler repräsentiert für jedes Objekt die Anzahl der Referenzen, die auf dieses zeigen (s. Abbildung 5.1 a)). Ursprünglich entwickelt

5.2 Klassische Verfahren

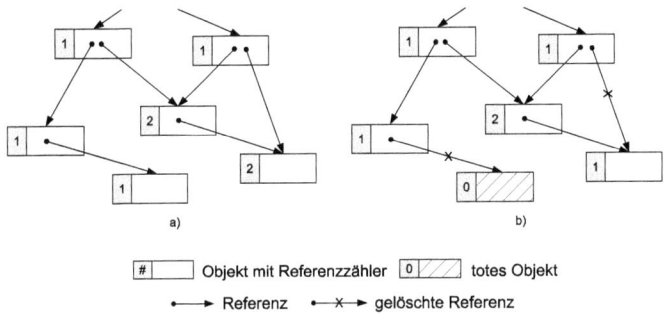

Abbildung 5.1: Rerferenzzähler benötigen i.d.R. ein zusätzliches Feld in jedem Objekt, mit dem die Anzahl seiner referenzierenden Objekte verwaltet wird.

für die Programmiersprache Lisp [Col60] finden sich heute viele Variationen dieses Verfahrens in den unterschiedlichsten Programmen, Laufzeitumgebungen oder Systemen wieder. Anders als bei referenzverfolgenden Verfahren (s.u.) verteilt sich die für die Referenzzählung benötigte Rechenlast auf die Laufzeit aller Aktivitäten im System und verläuft infolgedessen implizit inkrementell. Jedes Objekt besitzt bspw. ein zusätzliches Feld mit einem Zähler, der für jede zusätzliche Referenz, die auf dieses Objekt verweist um eins inkrementiert oder dekrementiert wird, sobald eine Referenz darauf gelöscht wird. Jede Änderung einer Referenz auf ein Objekt bewirkt also eine entsprechende Anpassung seines Referenzzählers, welcher dabei um eins erhöht oder erniedrigt wird. Erreicht er dabei den Wert 0, so wird dieses Objekt nicht mehr referenziert und kann der Speicherverwaltung zur erneuten Verwendung zurückgeführt werden (s. Abbildung 5.1 b)).

Neben der einfachen Umsetzung (in Form eines Referenzzählers) liegt die Stärke referenzzählender Verfahren in der Verteilung ihres Aufwands, Referenzänderungen zu protokollieren, über die Laufzeit aller involvierten Aktivitäten. Im Gegensatz dazu können bspw. referenzverfolgende Verfahren, welche nicht inkrementell oder nebenläufig ausgeführt werden, andere Programme während ihrer gesamten Ausführung blockieren. Dies beeinträchtigt bspw. besonders Systeme mit hoch interaktiven Prozessen und schnellen Reaktionszeiten negativ, so dass referenzzählende Verfahren für diese besser geeignet sein könnten, da ihr Aufwand vorab kalkulierbar ist. Ein weiterer Vorteil ist die Lokalität und Aktualität des Referenzzählers im Objekt selbst. Ein Objekt, dessen Zähler den Wert 0 erreicht, kann direkt nach Erreichen des Zählerstands eingesammelt werden, ohne dass hierfür weitere Objekte oder Verwaltungsinformationen betrachtet werden müssen. Diese Eigenschaft wirkt sich besonders bei sehr kurzlebigen, temporär genutzten Objekten positiv aus, die bspw. nur innerhalb von schnell ausgeführten Funktionen Verwendung

5 Bereinigung multikonsistenter, verteilter Speicherbereiche

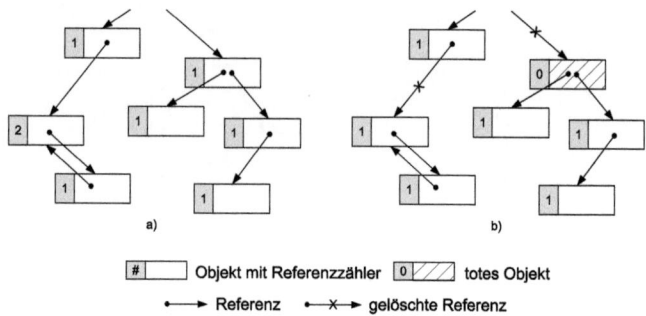

Abbildung 5.2: Referenzzähler geben keinen Aufschluss über zyklische Strukturen und können kaskadierende Freigaben bewirken.

finden und anschließend eingesammelt werden können.

Trotz der genannten Vorteile kann die implizite Verteilung der notwendigen Laufzeitkosten, verursacht durch das Inkrementieren sowie Dekrementieren bei Referenzänderungen, sich auch negativ auswirken, insbesondere wenn derartige Operationen besonders häufig durchgeführt werden. Eine Referenzänderung bewirkt dabei u.U. eine Aktualisierung in zwei unterschiedlichen Objekten, wenn einerseits der Zähler im bisher referenzierten Objekt dekrementiert und andererseits der des aktuellen inkrementiert werden muss. Weiterhin kann ein Referenzzähler, der den Wert 0 erreicht, weitere kaskadierende Aktualisierungen auslösen, wenn das korrespondierende Objekt bspw. die Wurzel einer Baumstruktur ist. In diesem Fall wird das Wurzelelement eingesammelt und alle Referenzzähler der direkt untergeordneten Elemente werden entsprechend dekrementiert, so dass diese anschließend auch eingesammelt werden können usw. (s. Abbildung 5.2). Referenzzählende Verfahren benötigen zudem die Unterstützung des Laufzeitsystems bzw. des Compilers, um jede Zuweisung oder Kopie einer Referenz zu registrieren und entsprechend reagieren zu können. Neben dieser Unterstützung zur Laufzeit ist in jedem Objekt ausreichend Platz für den Referenzzähler vorzusehen, welcher dabei wenige Bits oder die Größe einer Referenz umfassen kann, je nach Implementierung[17]. Neben den bisher genannten Aspekten ist der wohl gewichtigste Nachteil referenzzählender Verfahren die Eigenschaft, dass sich zyklische Strukturen, die von außerhalb nicht mehr referenziert werden, nicht als solche erkennen lassen, da die Zähler innerhalb dieser zyklischen Struktur stets einen Wert größer 0 besitzen. Dies ist bspw. dann der Fall, wenn die Referenz auf eine doppelt verkettete Liste

---

[17]Prinzipiell lassen sich Referenzzähler auch in separaten Strukturen verwalten (wie bspw. Tabellen oder ähnl.), verursachen so aber deutlich mehr Aufwand, weshalb diese Art der Verwaltung nicht weiter betrachtet wird.

gelöscht wird, wodurch diese nicht mehr erreicht sowie eingesammelt werden kann, da sich alle Elemente innerhalb dieser Liste noch untereinander referenzieren (s. Abbildung 5.2).

Im Gegensatz zu Referenzzählern können andere Verfahren der Freispeichersammlung, wie bspw. im Folgenden vorgestellt, unerreichbare Zyklen erkennen und einsammeln, weshalb eine Kombination mit diesen sinnvoll sein kann. So könnten bspw. Referenzzähler während der Laufzeit verwendet werden, um nicht mehr verwendete Objekte sofort freigeben zu können, bis der zur Verfügung stehende Speicher erschöpft ist oder dessen Auslastung einen zuvor definierten Schwellwert erreicht und eine referenzverfolgende Technik eingesetzt wird. Diese wiederum profitiert womöglich von den Referenzzählern, indem bspw. zu Beginn alle Zähler auf 0 gesetzt werden und bei jedem Erreichen eines Objektes dessen Zähler inkrementiert wird. Anschließend können alle Objekte deren Referenzzähler gleich 0 sind eingesammelt werden. Auch zyklische Strukturen werden so erkannt, da ihre Zähler im Verlauf der Referenzverfolgung nicht inkrementiert wurden.

5.2.2 Referenzverfolgende Verfahren

Verfahren, welche auf Basis der Referenzverfolgung den Speicher bereinigen, traversieren zu diesem Zweck alle Objekte im Speicher und bilden dabei die transitive Hülle der Objektreferenzen. Beginnend bei einer Wurzel(-menge) werden sukzessive alle Referenzen der erreichten Objekte verfolgt, bis entweder sämtliche Objekte besucht wurden oder diejenigen, die auf diese Weise unerreichbar sind, eingesammelt werden können. Das Auffinden von nicht mehr verwendeten Speicherplatz ist somit an eine Erreichbarkeitsanalyse der Objekte gekoppelt, mit welcher ihr Status bestimmbar ist. Solch eine Analyse kann bereits vorab, unabhängig vom eigentlichen Einsammeln durchgeführt werden, wie dies bspw. beim Mark & Sweep Algorithmus der Fall ist. Aber auch eine parallel zur Referenzverfolgung ausgeführte Bereinigung des Speichers ist möglich, wie bspw. bei kopierenden Verfahren.

5.2.2.1 Mark and Sweep

Der erste Algorithmus, welcher zur automatischen Freispeichersammlung entwickelt und eingesetzt wurde, war der Mark & Sweep (M&S) [Mcc60]. Bei dieser referenzverfolgenden Technik werden Objekte nicht sofort eingesammelt, sobald diese nicht mehr referenziert werden, sondern sie verbleiben so lang unerkannt und unerreichbar im Speicher, bis die Freispeichersammlung selbst ausgeführt wird und diese einsammelt. Während der Ausführung des M&S werden sämt-

5 Bereinigung multikonsistenter, verteilter Speicherbereiche

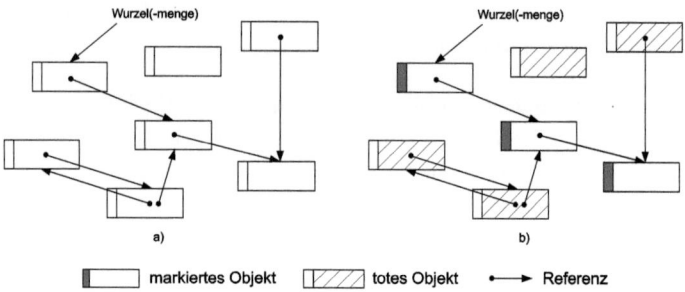

Abbildung 5.3: Der Mark & Sweep traversiert alle erreichbaren Objekte und markiert diese. Anschließend können alle nicht markierten Objekte eingesammelt werden.

liche Programme im System so lange unterbrochen, bis die Speicherbereinigung abgeschlossen ist. Der M&S traversiert und markiert hierbei alle erreichbaren Objektreferenzen im Heap, um anschließend den Status für jedes Objekt bestimmen zu können. Ausgehend von einer Wurzelmenge an Objekten verfolgt der M&S sämtliche Referenzen der erreichten Objekte und identifiziert so alle aktiven Objekte. Im Gegensatz zu einem referenzzählenden Verfahren verursacht dies keine zusätzliche Rechenlast bei Referenzänderungen aufgrund von zusätzlich benötigten Instruktionen zur Aktualisierung von Referenzzählern.

Die Ausführung des M&S Algorithmus lässt sich grundsätzlich in zwei Phasen unterteilen. Während der ersten Phase, der sog. Markierungs-Phase, werden alle aktiven Objekte im Heap mittels fortlaufender Referenzverfolgung identifiziert. Im Anschluss an diese Phase wird der gesamte Heap in der sog. Einsammel- oder Aufräum-Phase linear durchlaufen und dabei die Markierung aller Objekte inspiziert (s. Abbildung 5.3). Ist ein Objekt nicht markiert, so ist es für Programme nicht mehr erreichbar und kann eingesammelt werden (s. Abbildung 5.3 b)). Für die Markierung wird i.d.R. ein Bit in jedem Objekt reserviert, welches beim Erreichen gesetzt und beim Einsammeln ggf. gelöscht wird. Der M&S ist abgeschlossen, sobald alle erreichbaren Objekte markiert und anschließend alle unmarkierten eingesammelt wurden.

Im Vergleich zu Verfahren mit Referenzzählern entfällt beim M&S nicht nur die Überwachung von Referenzänderungen, sondern es lassen sich auch zyklische Strukturen toter Objekte finden und einsammeln. Ein Nachteil ist dabei allerdings die Start-Stopp-Semantik, welche eine länger andauernde Blockade bei den übrigen Programmen im System bewirken kann. Eine solche Blockade ist bspw. für Echtzeitsysteme oder Programme mit hoher Interaktivität oftmals nicht akzeptabel, weshalb in diesen Fällen eine solche Freispeichersammlung eher ungeeignet

5.2 Klassische Verfahren

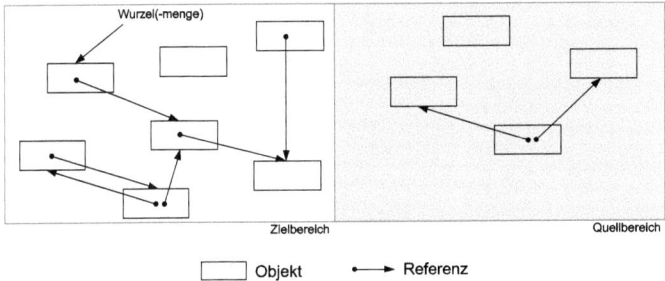

Abbildung 5.4: Das Copying unterteilt den Speicher in zwei Bereiche für aktuelle (Zielbereich) und veraltetet Daten (Quellbereich).

ist oder der Vorrang von kritischen Programmen zu garantieren ist, damit diese stets zeitnah ausgeführt werden können. Die Ausführungshäufigkeit des M&S (und der Speicherbereinigung im Allgemeinen) wird dabei maßgeblich durch die Speicherauslastung des Systems bestimmt. Je knapper der Speicher ist und desto schneller er aufgebraucht wird, umso öfter wird eine Bereinigung notwendig. Weiterhin beeinflussen auch Heap- sowie Objektgröße den benötigten Aufwand während des M&S, weil bspw. viele kleine Objekte in einem sehr großen Speicherbereich mehr Ausführungszeit beanspruchen, als wenige große in einem kleinen. Unabhängig von der eigenen Ausführungszeit beeinträchtigt der M&S u.U. auch die Performanz von anderen Aktivitäten im System indirekt, aufgrund einer zu erwartenden Speicherfragmentierung, verursacht durch wiederholte Bereinigung und Wiederverwendung von Speicher. Dabei können freie sowie verstreute Speicherbereiche dazu führen, dass die gewünschte Lokalität der Daten im Speicher verloren geht und damit bspw. Performanz steigernde Caching-Effekte nicht mehr gegeben sind.

5.2.2.2 Copying

Ein weiteres Verfahren, welches mittels Erreichbarkeitsanalyse den Speicher bereinigt, ist das Copying [Min63]. Im Unterschied zu anderen referenzverfolgenden Algorithmen wird beim Copying der Speicher in zwei gleichgroße Bereiche unterteilt. Ein Bereich für aktuell genutzte Daten, in welchem Programme arbeiten und neuen Speicher allozieren können, und ein zweiter Speicherbereich, welcher ungenutzt ist und lediglich veraltete Daten beinhaltet (s. Abbildung 5.4).

Beim Start des Copying werden die Rollen dieser beiden Speicherbereiche vertauscht und an-

5 Bereinigung multikonsistenter, verteilter Speicherbereiche

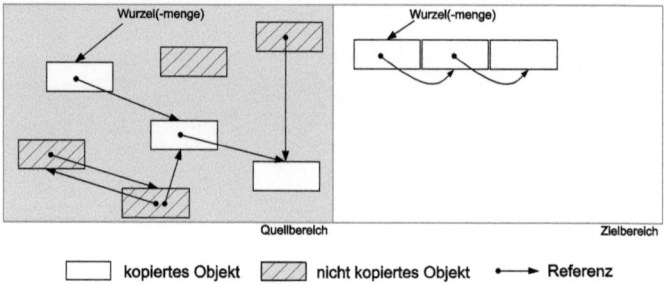

Abbildung 5.5: Das Copying tauscht beim Start die Rollen von Ziel- und Quellbereich und kopiert alle erreichbaren Objekte vom Quell- in den Zielbereich.

schließend, wie beim M&S, ausgehend von einer Wurzelmenge alle erreichbaren Objekte traversiert. Während der Traversierung werden alle erreichten Objekte aus dem nun veralteten Teil des Speichers (dem sog. Quellbereich[18]) in den jetzt aktuellen Teil (dem sog. Zielbereich[19]) kopiert und ihre Referenzen entsprechend angepasst (s. Abbildung 5.5). Nachdem alle erreichbaren Objekte inspiziert und kopiert wurden, befinden sich die Replikate aller aktiven Objekt im Zielbereich und alle nicht erreichten Objekte verbleiben im Quellbereich. Wie der M&S ist auch der Copying-Algorithmus in dieser Form ein Start-Stopp-Algorithmus, welcher während seiner Ausführung alle anderen Aktivitätsträger im System so lange blockiert, bis die Traversierung und der damit verbundene Kopiervorgang abgeschlossen ist. Ein natürlicher sowie vorteilhafter Nebeneffekt solch einer kopierenden Speicherbereinigung ist die implizite Kompaktierung aller noch aktiven Datenstrukturen, wodurch eine effiziente Allozierung neuer Objekte in Zukunft begünstigt wird.

Während des Kopiervorgangs sind nicht nur entsprechende Referenzen anzupassen, sondern auch die ursprüngliche Struktur der Objekte zu beachten. Werden bspw. mehrfach referenzierte Objekte durch den Kopiervorgang im Speicher vervielfältigt, dann erhöht dies nicht nur die Auslastung des Heaps, sondern führt u.U. auch zu einer fehlerhaften Programmausführung, wenn deren Semantik aufgrund der duplizierten Datenstrukturen verändert wurde. Mit einem zusätzlichen Verweis im ursprünglichen Objekt auf das bereits kopierte im Zielbereich lässt sich ein mehrfaches Kopieren in einer einfachen und effektiven Art und Weise vermeiden, ohne dabei zusätzlichen Speicher vorsehen zu müssen, da für solch einen Verweis ein beliebiges Feld im ursprünglichen Objekt verwendet werden kann.

---

[18]engl. Fromspace
[19]engl. Tospace

5.2 Klassische Verfahren

Die Stärke des Copying-Algorithmus liegt in der impliziten Speicherkompaktierung, die das Allozieren neuer Daten im Vergleich zu fragmentierten Speicherbereichen begünstigt. Daneben werden auch unerreichbare Zyklen eliminiert, da diese nicht kopiert werden und beim nächsten Durchlauf der Speicherbereinigung überschrieben werden, wenn die Rollen von Quell- und Zielbereich getauscht werden. Allerdings reduziert die notwendige Zweiteilung des Speichers auch den für die übrigen Aktivitäten insgesamt verfügbaren Speicher um die Hälfte, so dass nicht mehr ausreichend Platz für sie verfügbar sein könnte. Im Gegensatz zum M&S hängt die Performanz beim Copying maßgeblich von der Menge der noch aktiven Objekte ab. Verwenden Programme in hohem Maße kurzlebige Objekte, dann wird immer nur ein kleiner Teil der Objekte im Speicher kopiert, so dass eine bessere Performanz bei der Speicherbereinigung erzielt wird, als es beim M&S der Fall wäre, welcher alle Objekte traversiert.

5.2.3 Generations-Verfahren

Eine Eigenschaft, die sich sowohl beim M&S als auch beim Copying negativ auf die insgesamt benötigte Laufzeit der Speicherbereinigung auswirkt, ist die Tatsache, dass immer alle noch aktiven Objekte im Heap markiert bzw. kopiert werden müssen. Verfahren, welche zusätzlich die Lebenszeit von Objekte berücksichtigen und somit u.U. nur einen Teil aller Objekte im Heap betrachten müssen, sind sog. Generations-Verfahren. Ziel dieser Verfahren ist es, die Laufzeit der Speicherbereinigung zu verkürzen, indem Objekte in Abhängigkeit ihrer bisherigen Lebensdauer betrachtet werden. Denn einerseits befinden sich langlebige Objekte im Heap, die bereits beim Start des Systems oder eines Programms erzeugt wurden und über deren gesamte Ausführungsdauer verwendet werden und andererseits werden Objekte oftmals nur für temporäre Zwecke erzeugt und demzufolge nur für kurze Zeit verwendet, wie bspw. lokale Objekte innerhalb einer Prozedur, welche am Ende dieser nicht mehr gebraucht werden. Solche Objekte besitzen meist eine sehr kurze Lebenszeit im Heap und kommen ggf., je nach Anwendung, sehr häufig zum Einsatz. Diesen Umstand versuchen generationsbasierte Verfahren zu nutzen, indem sie zwischen kurzlebigen und langlebigen Objekten unterscheiden. Kurzlebige Objekte werden häufiger als langlebige Objekte betrachtet, da die Erfolgsaussichten, dass diese zur erneuten Verwendung eingesammelt werden können, höher sind, als dies bei Objekten mit einer sehr langen Lebenszeit der Fall ist. Zur Umsetzung von Generations-Verfahren bietet sich eine Unterteilung des Speichers in mehrere Teilbereiche (sog. Generationen) an. Jede Generation beinhaltet dabei eine Menge von Objekten in Abhängigkeit ihrer bisherigen Lebenszeit (s. Abbildung 5.6). Neue Objekte werden stets in der jüngsten Generation alloziert und je nach erreichter Lebensdauer in ältere Generationen verschoben (s. Abbildung 5.7). Die Lebensdauer

5 Bereinigung multikonsistenter, verteilter Speicherbereiche

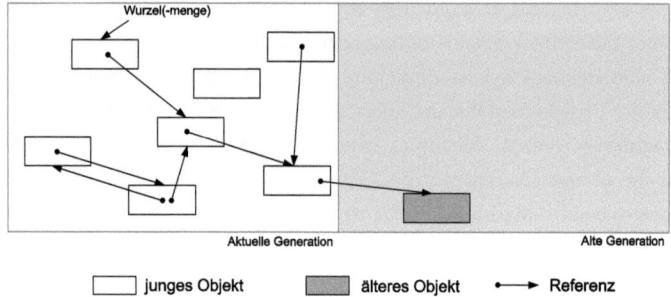

Abbildung 5.6: Generations-Verfahren unterteilen Speicher in mehrere Bereiche (sog. Generationen) für Objekte mit unterschiedlichen Lebenszeiten.

lässt sich dabei bspw. durch einen einfachen Zähler quantifizieren, welcher bei jedem Durchlauf der Speicherbereinigung entsprechend inkrementiert wird.

Damit die Freispeichersammlung von der Einteilung in Generationen profitiert, werden jüngere öfter durchsucht, als Speicherbereiche mit langlebigen Objekten, weil sich so die Effizienz der Freispeichersammlung enorm steigern lässt, insbesondere dann, wenn permanent mit vielen kurzlebigen Objekten gearbeitet wird und diese zeitnah eingesammelt werden. Je kleiner die Generationen gewählt sind, desto kleiner ist der jeweilige Zeitaufwand diese zu durchsuchen. Allerdings erhöhen kleinere Generationen oftmals auch die Anzahl der sog. Inter-Generationsreferenzen, welche zwischen den verschiedenen Generationen entstehen können und von der Freispeichersammlung berücksichtigt werden müssen. Inter-Generationsreferenzen sind Referenzen

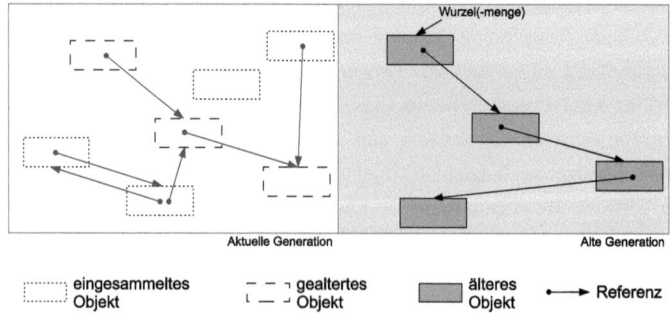

Abbildung 5.7: Aktive Objekte aus jungen Generationen werden im Lauf der Zeit in ältere Generationen verschoben.

von Objekten zwischen zwei Generationen, entstanden durch eine Manipulation innerhalb von Programmen oder durch ein Verschieben von Objekten in eine benachbarte Generation. Diese Art der Referenzen erschweren die Bestimmung einer Wurzelmenge, wie sie vielleicht als Ausgangspunkt für die Speicherbereinigung innerhalb einer Generation benötigt wird, weil Objekte anderer Generationen ggf. mit einzubeziehen sind. Die Frequenz, mit welcher die Speicherbereinigung innerhalb der einzelnen Generationen ausgeführt wird, ist von der erwarteten Lebensdauer der Objekte abhängig. Werden die Generationen und die Ausführungsintervalle zu groß gewählt, dann reduziert dies u.U. die Effizienz dieser Vorgehensweise sowie den zu erwartenden Laufzeitvorteil. Viele kleine Generationen sowie sehr kurz gewählte Bereinigungsintervalle können sich ebenfalls negativ auswirken, wenn diese zu einem erhöhten Kopieraufwand zwischen den einzelnen Generationen führen.

5.2.4 Inkrementelle Freispeichersammlung

Anwendungen mit hoher Interaktivität oder Echtzeitanforderungen stellen die Freispeichersammlung vor eine besondere Herausforderung, bei der es gilt, die Ausführungszeit der Speicherbereinigung nach Möglichkeit auf ein Minimum zu reduzieren, so dass die Aktivitätsträger ihren Anforderungen gerecht werden können, aber dennoch ausreichend freier Speicherplatz freigegeben werden kann und verfügbar ist. Verfahren, welche mittels unterschiedlichen Generationen Objekte nach ihrer Lebenszeit klassifizieren und so die Ausführung der Speicherbereinigung auf einen Teil des Heaps und der darin enthaltenen Objekte beschränken, können bereits eine angemessene Strategie sein. Generations-Verfahren konzentrieren ihre Freispeichersammlung auf Speicherregionen, in denen sich mit hoher Wahrscheinlichkeit ungenutzter Speicher befindet und einsammeln lässt. Wenn diese Regionen vergleichsweise klein sind und die Anzahl der darin noch verwendeten Objekte gering ist, dann lassen sich mit Generations-Verfahren die gewünschten Resultate erzielen. Allerdings sind diese Verfahren ungeeignet, wenn sich die Objektlebenszeit nicht bestimmen lässt oder häufig sehr große Regionen betrachtet werden müssen. Generations-Verfahren versuchen generell, die zu erwartende Laufzeit der Freispeichersammlung im ungünstigsten Fall zu verbessern, wohingegen inkrementelle Verfahren für diesen Fall eine bestimmte Performanz garantieren sollen.

Inkrementelle Freispeichersammlungs-Verfahren versuchen die Programmpausen, verursacht durch lange Phasen der Speicherbereinigung, auf ein Minimum zu reduzieren. Die einfachste Möglichkeit hierfür sind referenzzählende Verfahren (s. Kapitel 5.2.1), die naturgemäß inkrementell arbeiten, aber einige bereits genannte Nachteile aufweisen. Aus diesem Grund finden häufig

5 Bereinigung multikonsistenter, verteilter Speicherbereiche

inkrementelle Algorithmen Verwendung, die auf Basis der Referenzverfolgung den Zustand aller Objekte im Speicher bestimmen können, um eine performante Freispeichersammlung zu implementieren. Im Gegensatz zu einem Start-Stopp-Algorithmus müssen inkrementelle Verfahren hierbei die nebenläufige Ausführung von Programmen (auch Mutator[20] genannt) berücksichtigen, welche zur Laufzeit Objektstrukturen anlegen und verändern können. Besitzt die inkrementelle Freispeichersammlung während ihrer Ausführung keine konsistente Sicht auf den aktuellen Zustands der Objektstrukturen, so ist diese nicht mehr in der Lage den den Objektstatus fehlerfrei zu bestimmen. Demzufolge müssen Mutator und Freispeichersammlung synchronisiert werden, so dass Referenzänderungen durch einen Mutator von der Freispeichersammlung nicht unbemerkt bleiben. Die von Dijkstra eingeführte Abstraktion der sog. Dreifärbung [DLM+78], bei welcher jedes Objekt im Heap schwarz, grau oder weiß gefärbt ist, hilft, die notwendige Synchronisierung zwischen Mutator und Freispeichersammlung zu veranschaulichen. Die drei Farben werden in folgender Weise verwendet:

Schwarz gefärbte Objekte wurden bereits von der Freispeichersammlung betrachtet, inklusive aller direkt referenzierten Objekte. Aus Sicht der Freispeichersammlung ist die Betrachtung dieser Objekte vollständig abgeschlossen.

Grau gefärbt sind Objekte, die bereits von der Freispeichersammlung besucht wurden, aber deren referenzierte Objekte noch nicht vollständig analysiert sind.

Weiß repräsentiert noch nicht besuchte Objekte, welche von der Freispeichersammlung bisher nicht erreicht wurden oder nicht erreichbar sind. Nach Abschluss der Referenzverfolgung repräsentieren weiß gefärbte Objekte die toten Objekte, die eingesammelt werden können.

Die Freispeichersammlung terminiert sobald alle erreichbaren Objekte betrachtet wurden und keine grau gefärbten Objekte mehr existieren. Alle weiß gefärbten Objekte sind während der referenzverfolgenden Phase nicht erreichbar gewesen und können demnach eingesammelt werden. Cheney's iterativer Ansatz einer kopierenden Freispeichersammlung ist ein einfaches Beispiel für diese Art der Abstraktion [Che70].

Aufbauend auf Cheney's iterativen Implementierung entwickelte Baker die inkrementelle Variante des Copying [Bak91], die lediglich eine bestimmte Anzahl an Objekten pro Ausführungszyklus betrachtet und kopiert (s. Abbildung 5.8). Während der Ausführung ist sicherzustellen, dass bereits kopierte Objekte im Heap bei einer Unterbrechung der Freispeichersammlung für andere Programme weiterhin auffindbar sind. Eine Möglichkeit, dies zu gewährleisten ist ein

---

[20]Ein Mutator ist ein Aktivitätsträger, welcher Zeigeroperationen durchführt und damit Referenzen verändert.

5.2 Klassische Verfahren

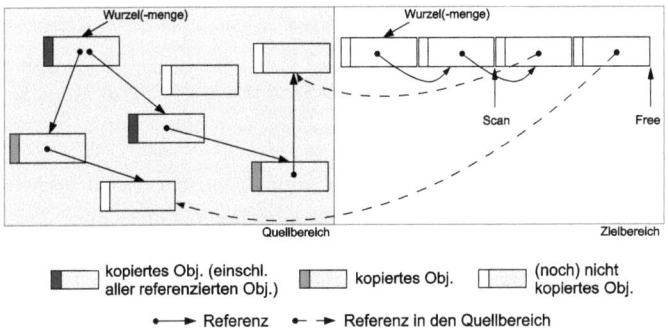

Abbildung 5.8: Dreifärbung repräsentiert den Zustand während des inkrementellen Kopiervorgangs.

Verweis innerhalb des ursprünglichen und bereits kopierten Objekts im Quellbereich auf seine Kopie im Zielbereich. Beim Kopiervorgang in den Zielbereich sind zudem zwei Zeiger (Scan und Free) für dessen Verwaltung vorgesehen. Free markiert hierbei die nächste freie Stelle im Zielbereich, an welche das als nächstes zu kopierende Objekt gespeichert werden kann. Scan hingegen markiert das Ende der Objekte im Speicher, welche bereits vollständig betrachtet wurden und dessen referenzierten Objekte ebenfalls kopiert wurden. Demzufolge sind alle Objekte, die bereits von dem Scan-Zeiger passiert wurden, schwarz gefärbt und besitzen keine Referenzen in den Quellbereich. Objekte zwischen Scan und Free sind grau gefärbt, weil sie kopiert wurden, aber noch Objekte im Quellbereich referenzieren können. Während der gesamten Ausführung ist sicherzustellen, dass schwarz gefärbte Objekte (die bereits vom Scan-Zeiger passiert wurden) niemals Objekte im Quellbereich referenzieren, da diese nicht mehr kopiert werden und damit inkonsistente Zustände im Speicher die Folge wären. Aus diesem Grund müssen solche Zuweisungen zur Laufzeit erkannt und referenzierte Objekte aus dem Quellbereich unmittelbar in den Zielbereich kopiert werden.

Der inkrementelle Kopiervorgang ist abgeschlossen, sobald der Scan-Zeiger auf den Free-Zeiger trifft und alle erreichbaren Objekte vom Quellbereich in den Zielbereich kopiert wurden. Wie beim atomaren Verfahren werden am Ende der Freispeichersammlung die Rollen der beiden Speicher-Bereiche vertauscht.

Ähnlich zum Copying lässt sich auch der M&S mit einigen Modifikationen als inkrementelles Verfahren implementieren. Der inkrementelle M&S erweitert die Markierungs-Phase, indem zwischen zwei verschiedenen Arten der Markierung unterschieden wird. Schwarz markierte Objekte wurden bereits besucht sowie alle enthaltenen Referenzen verfolgt [DLM+78]. Grau markierte

5 Bereinigung multikonsistenter, verteilter Speicherbereiche

Objekte sind von der Freispeichersammlung bereits erfasst, aber deren Referenzen noch nicht oder nur unvollständig verfolgt. Die Markierungs-Phase ist beendet, wenn sich keine grau gefärbten Objekte mehr im Heap befinden. Anschließend lassen sich alle nicht markierten Objekte (weiß gefärbt) einsammeln (s. Abbildung 5.9).

Um eine korrekte nebenläufige Ausführung zu garantieren, muss auch beim inkrementellen M&S sichergestellt werden, dass ein bereits vollständig untersuchtes Objekt (schwarz gefärbt) keine Referenz auf ein noch nicht betrachtetes Objekt besitzt. Falls es zu solchen Zuweisungen aufgrund nebenläufig ausgeführter Programme kommt, muss das bisher nicht markierte Objekt grau markiert werden, da es andernfalls später fälschlicherweise eingesammelt werden kann. Demzufolge müssen auch beim inkrementellen M&S Zeigerzuweisungen zur Laufzeit überwacht werden, was bspw. durch entsprechende Routinen, hinzugefügt durch den Compiler, gewährleistet werden kann.

5.2.5 Lease-Verfahren

Ein weiteres Verfahren, welches im engeren Sinne nicht direkt zu den Verfahren der Speicherbereinigung zählt, aber dennoch Grundlage hierfür sein kann, sind die sog. Lease-Verfahren. Wie der Name bereits vermuten lässt beschränken diese Verfahren die Lebenszeit von Objekten im Voraus bei ihrer Allozierung oder nach aktiver Verlängerung. Speicherplatz wird so lediglich für eine begrenzte Zeit vergeben, wodurch jedes Objekt eine zuvor definierte Lebenszeit besitzt. Ist diese abgelaufen, so können entsprechende Objekte und dessen Speicherbereich der Speicherverwaltung zur Wiederverwendung zurückgeführt werden, unabhängig davon, ob sie noch referenziert werden oder nicht. Folglich ist damit auch die Gültigkeit einer Referenz implizit

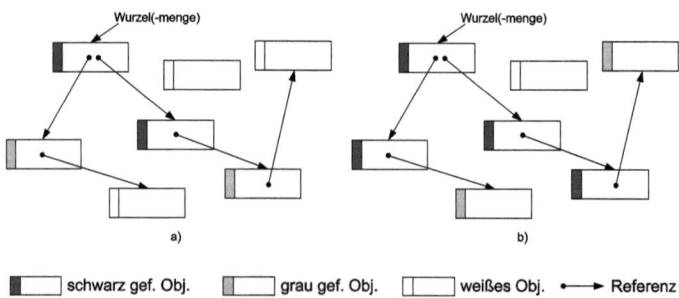

Abbildung 5.9: Ein inkrementeller Mark & Sweep nutzt Dreifärbung zur Referenzverfolgung.

an die Lebenszeit des referenzierten Objekts gekoppelt. Sobald diese abgelaufen ist, verliert auch die entsprechende Referenz ihre Gültigkeit. Im Vergleich zu den bisher betrachteten Verfahren, welche aktiv Datenstrukturen im Speicher analysieren und ggf. freigeben, sorgen beim Lease-Verfahren die Aktivitätsträger i.d.R. selbst dafür, dass ihre Objekte nach Ablauf ihrer Lebenszeit nicht verfrüht freigegeben werden. Die Verantwortung bzgl. einer fehlerfreien und konsistenten Datenverwaltung liegt also nicht nur bei der Laufzeitumgebung, sondern auch beim Programmierer. Er hat darauf zu achten, dass die von seinem Programm allozierten Objekte nicht verfrüht eingesammelt werden, indem er bspw. ihre Lebenszeit angemessen groß wählt oder diese aktiv verlängert.

Im Vergleich zu den vorher genannten Verfahren der Freispeichersammlung besitzt ein Laufzeitsystem, welches ausschließlich mit einem Lease-Verfahren arbeitet, keine zuverlässige Möglichkeit, entscheiden zu können, ob Objekte noch aktiv sind oder nicht. Selbst eine automatisierte Verlängerung der Lebenszeit, wie sie bspw. bei jedem Objektzugriff durchgeführt werden könnte, kann dabei nicht ausschließen, dass ein Objekt fälschlicherweise eingesammelt wird, weil es vielleicht nur sehr selten oder in sehr unregelmäßigen Zeitabständen verwendet wird. Zudem wären solche Entscheidungen des Systems von Heuristiken abhängig, die im Einzelfall zu falschen Bewertungen und damit zu Fehlern führen können. Als Konsequenz sind Programme vom Entwickler so zu gestalten, dass Objekte entsprechende Zyklen der Freispeichersammlung im System überleben können und so die Konsistenz seiner Datenstrukturen während der Programmausführung gewahrt bleibt.

5.3 Verteilte Speicherbereinigung

Im Gegensatz zu einer lokalen Freispeichersammlung, ausgeführt auf einem einzelnen Rechner, gestaltet sich das Auffinden von nicht mehr referenzierten Objekten in einem verteilten Speicher, verstreut über mehrere miteinander vernetzte Rechner, aufwändiger und komplexer. Im verteilten Fall sind weitere Randbedingungen sowie Fehlerquellen zu berücksichtigen, wie bspw. die Existenz rechnerübergreifender Referenzen, getrennte Speicherbereiche sowie die Nebenläufigkeit parallel ausgeführter Programme. Darüber hinaus sind auch potentielle Rechnerausfälle, Netzwerkstörungen sowie Verzögerungen beim Nachrichtenaustausch zu berücksichtigen. Inspiriert durch die klassischen Verfahren finden sich in der Literatur verschiedene Varianten der Freispeichersammlung, die den grundlegenden Anforderungen eines verteilten Systems genügen und nicht mehr referenzierte Objekte, welche über mehrere miteinander vernetzte Rechner verteilt sein können, auffinden und einsammeln [JL96].

5 Bereinigung multikonsistenter, verteilter Speicherbereiche

Einer der ersten Algorithmen für das verteilte Auffinden von nicht mehr referenzierten Objekten wurde von Hudak und Keller entwickelt [HK82]. Aufbauend auf den Algorithmus von Dijkstra [DLM+78] erweiterten sie den klassischen M&S derart, dass dieser in einem verteilten System einsetzbar wird. Ausgehend von einer verteilten Wurzelmenge wird die transitive Hülle über alle erreichbaren Referenzen gebildet, um im Anschluss alle nicht erreichten Objekte einzusammeln und dessen Speicher wiederzuverwenden. Der Algorithmus unterscheidet dabei ursprünglich nicht zwischen lokalen sowie verteilten Speicherbereichen bzw. lokal präsenten sowie entfernten Objekten im Speicher. Mit Hilfe einer zusätzlichen Unterscheidung zwischen lokalen sowie entfernten Datenstrukturen lässt sich der Kommunikationsaufwand zwischen den vernetzten Knoten reduzieren. Dabei wird zunächst ein lokaler M&S durchführt, der lediglich lokale Referenzen verfolgt und entfernte Referenzen den entsprechenden Eigentümern meldet, welche diese Informationen in ihre Wurzelmenge integrieren und damit auch entfernt referenzierte Objekte als solche erkennen, ohne dabei selbst auf entfernte Objekte zugreifen zu müssen oder entfernt referenzierte Objekte fälschlicherweise freizugeben [Kha84][Hug85]. Auch im Fall von sehr kurzzeitig gebrauchten Objekten kann solch eine Kombination von lokaler und verteilter Freispeichersammlung sinnvoll sein, um Objekte schnell und ohne zusätzlichen Kommunikationsaufwand einzusammeln. Solch eine Kombination findet sich bspw. auch im verteilten System Emerald [JJ92], bei dem jeder Knoten einen lokalen M&S zum Einsammeln lokaler Objekte nutzt und diesen mit einem global ausgeführten M&S für entfernt referenzierte Objekte kombiniert.

Neben solch referenzverfolgenden Verfahren [LL92][Pua92] lassen sich auch referenzzählende Algorithmen [Gol89][SDP92][BEN+93] zur Speicherbereinigung anwenden. Diese benötigen im verteilten Fall, wie auch im lokalen, im Vergleich zu referenzverfolgenden Verfahren weniger Koordination, um nicht mehr referenzierte Objekte direkt und unmittelbar freigegeben zu können. Jedoch erfordern auch diese Verfahren im verteilten Fall zusätzliche Kommunikation wenn sich entfernte Referenzen ändern, damit der entsprechende Zähler im entfernten Objekte inkrementiert oder dekrementiert werden kann. Sollte diese fehlerhaft sein, aufgrund von Nachrichtenverlusten oder einer fehlerhaften Reihenfolge eingehender Nachrichten, werden Objekte fälschlicherweise oder verfrüht eingesammelt. Diese Problematik lässt sich zwar mit Hilfe von gewichteten Referenzzählern, bei dem jeder Referenz ein Maximal- sowie Teil-Gewicht zugeordnet wird, eliminieren [Cor91], allerdings bleiben auch bei dieser Art der Referenzzähler zyklischen Strukturen weiterhin unerkannt im Speicher [PS95]. Wie im lokalen Fall ist auch im verteilten die Kombination von referenzverfolgenden sowie referenzzählenden Verfahren eine Möglichkeit, dieses Problem zu beheben und verteilte Speicherbereiche vollständig und umfassend zu bereinigen [LQP92].

5.3 Verteilte Speicherbereinigung

Im Umfeld eines VVS (wie in Rainbow OS) lassen sich sowohl traditionelle referenzverfolgende als auch klassische referenzzählende Verfahren i.d.R. problemlos realisieren, sind aber hinsichtlich ihrer Performanz nur bedingt geeignet, da hierbei die Aspekte der Objektverteilung und die entsprechende Kommunikation zwischen den Knoten besonders zu berücksichtigen sind, um insgesamt eine gute Leistungsfähigkeit zu erzielen. Die Ausführung der Freispeichersammlung sollte die Leistungsfähigkeit des Clusters nicht unverhältnismäßig stark beeinträchtigen, so dass bspw. eine erhöhte Netzwerkkommunikation zu vermeiden ist oder die Blockade des Clusters als Folge der Speicherbereinigung auszuschließen ist. Die bisher genannten Verfahren erfüllen die Anforderungen in einem VVS nur bedingt, da ein M&S bspw. sämtliche aktive Objekte im Cluster traversiert, um diese markieren und einsammeln zu können, was insbesondere im Zusammenhang mit der transaktionalen Ausführung in Rainbow OS zu einem erhöhten Konfliktpotential zwischen Freispeichersammlung und anderen Anwendungen im Cluster führen kann (s. Kapitel 3.6.1). Ein Verzicht auf das Setzen einer Markierung innerhalb von Objekten verringert zwar das Kollisionsrisiko, erfordert aber zusätzliche Datenstrukturen für die Verwaltung der Informationen, welche wiederum Speicherplatz und u.U. auch eine eigene Synchronisierung zwischen den einzelnen Knoten benötigen, um die Speicherbereinigung parallel, über mehreren Knoten auszuführen zu können [SGF+06]. Referenzzählende Verfahren verursachen ähnliche Probleme beim Aktualisieren von Referenzzählern, wenn diese direkt im Objekt verwaltet werden oder in separaten Datenstrukturen, um das Konfliktpotential zwischen den Transaktionen zu minimieren. Ungeachtet dessen sind solche Verfahren auf die Überwachung von Referenzänderungen angewiesen, ohne dabei zyklische Strukturen erkennen zu können, weshalb sie für die Bereinigung eines VVS ebenfalls eher ungeeignet sind.

Für einen VVS wäre ein Verfahren zur Freispeichersammlung geeignet, welches aktive Objekte unverändert lässt, den Speicher umfassend bereinigt, den Kommunikationsaufwand so gering wie möglich hält und im Idealfall die Freispeicherverwaltung bei einer möglichen Reorganisation des Speichers unterstützt, damit diese freie Speicherbereiche bei einer Reorganisation zusammenführen kann. Ganz ohne Beeinträchtigung der Leistungsfähigkeit des Systems ist eine Freispeichersammlung nicht möglich, da jedes Verfahren einen gewissen Teil der vorhanden Rechenkapazität für sich beansprucht und dabei ggf. eigene Verwaltungsstrukturen unterhält.

5 Bereinigung multikonsistenter, verteilter Speicherbereiche

5.4 Inverse Referenzverfolgung

Die klassische Vorgehensweise referenzverfolgender Verfahren beruht auf der Bildung einer transitiven Hülle, ausgehend von einer Wurzelmenge an Objekten, so dass im Anschluss an die Erreichbarkeitsanalyse für jedes Objekt im Speicher der Status eindeutig bestimmbar ist. Demzufolge muss unter Umständen der vollständige Erreichbarkeitsgraph erstellt und durchlaufen werden, um für ein beliebiges Objekt entscheiden zu können, ob dieses noch referenziert wird oder nicht. Diese Eigenschaft erhöht u.U. den Aufwand für die Betrachtung einzelner Objekte oder einer kleinen Teilmenge immens, wie sie bspw. im Fall einer Relozierung aufgrund einer Speicherreorganisation notwendig werden kann, weil der gesamte Speicher durchsucht werden muss.

Wird diese Vorgehensweise in umgekehrter Art und Weise betrieben, werden also ausgehend von einem beliebigen Objekt alle referenzierenden Objekt betrachtet, ggf. bis hin zu einem Element der Wurzelmenge, so ist dies ein Verfahren der inversen Referenzverfolgung. Im Gegensatz zu den klassischen Verfahren der Referenzverfolgung, welche bereits durch eine einfache Objektanalyse alle referenzierten Objekte ermitteln können, gestaltet sich der umgekehrte Fall schwieriger, da ein Objekt typischerweise keinerlei Informationen darüber besitzt, von wem es referenziert wird. Ähnlich einem Referenzzähler, welcher lediglich die Anzahl aller eingehenden Referenzen vermerkt, ist eine zusätzliche Buchhaltung notwendig, um ein mehrfaches Durchlaufen des gesamten VVS zur Informationsbeschaffung hinsichtlich einer inversen Referenzverfolgung zu vermeiden.

Erste Ansätze zur Verwaltung von Rückwärtsverweisen in einem VVS wurden von Traub [Tra96] vorgeschlagen. Zuvor verfolgte lediglich Piquer ähnliche Ansätze für seine verteilte Freispeichersammlung [Piq95]. Bei seinem indirekten M&S-Algorithmus wird jedem Objekt ein sog. Inverse Reference Tree zugeordnet, welcher alle Objekte enthält, die eine Referenz auf ein Wurzelobjekt besitzen. Piquer verwendet diesen inversen Baum dabei ausschließlich für die Freispeichersammlung, um einen zentralen Referenzzähler zu vermeiden. Ein weiteres Verfahren zur Freispeichersammlung, welches auf der Verfolgung von Rückwärtsreferenzen basiert, wurde 1997 am Massachusetts Institute of Technology (MIT) entwickelt [ML97]. Dieses Verfahren protokolliert sowohl das Erzeugen als auch Löschen rechnerübergreifender Referenzen und verwaltet ausgehende sowie eingehende Referenzen von Objekten eines Knotens in separaten Tabellen, die Rückschlüsse auf ein referenzierendes Objekt zulassen. Ohne zwischen einzelnen Objekteigentümern bzw. Knoten unterscheiden zu müssen, über rechnerübergreifende Referenzen Protokoll zu führen oder hierfür spezielle Hilfskonstrukte (wie bspw. Stellvertreterobjekte) verwenden zu

5.4 Inverse Referenzverfolgung

müssen, implementierte Göckelmann aufbauend auf den Vorschlägen von Traub ein Verfahren der inversen Referenzverfolgung [Goe05], welches im Rahmen des verteilten Betriebssystems Plurix [GSFS04] implementiert wurde und den Anforderungen eines VVS entspricht. Aufbauend auf diesen Forschungsergebnissen liegt ein Schwerpunkt dieser Arbeit in der Weiterentwicklung und Verbesserung dieser inversen Verfahren, so dass ihre Vorzüge innerhalb eines VVS erhalten bleiben und dabei ihre negativen Aspekte, die in den folgenden Abschnitten dargestellt werden, nach Möglichkeit durch das vorhandene Optimierungspotential beseitigt oder abgeschwächt werden.

5.4.1 Backchains

Neben diversen Verfahren der Freispeichersammlung benötigen insbesondere objektrelozierende Funktionen der Speicherverwaltung erweiterte Informationen über Objekte und deren Zusammenhänge im Speicher. Während zur einfachen Statusbestimmung von Objekten bereits die Anzahl referenzierender Objekte ausreichend sein kann, werden für eine Objektrelozierung exakte Adressinformationen zu jedem referenzierenden Objekt und deren Aktualisierung benötigt. Die Objektrelozierung im Speicher bildet dabei u.a. die Grundlage für eine Speicherkompaktierung, um bei Bedarf den Speicher zur Laufzeit reorganisieren zu können. Des Weiteren ermöglicht die Relozierung einzelner Objekte auch das Aufheben von False-Sharing-Konflikten, verursacht durch Kollisionen auf einzelnen Speicherseiten.

Für die Implementierung einer effizienten Relozierung von Objekten wird ein Verfahren benötigt, welches zur Laufzeit das Auffinden von referenzierenden Objekten ermöglicht, ohne dabei sämtliche Objekte im Speicher betrachten zu müssen, wie dies bspw. eine zentrale Instanz bewerkstelligen würde, die den gesamten Speicher inspiziert. Das erste Verfahren, welches zur Buchhaltung von Rückwärtsverweisen im Umfeld eines verteilten Betriebssystem mit gemeinsamen Speicher entwickelt und implementiert wurde, waren die sog. Backlinks [Tra96], die in das referenzierte Objekt integriert werden und auf referenzierende Objekte verweisen. Um dabei eine Sonderbehandlung zur Vermeidung von endlosen Rückwärtsreferenzen zu vermeiden, handelt es sich bei einem Backlink um keine reguläre Objektreferenz, sondern lediglich um die Speicherposition der Referenz im referenzierenden Objekt, wodurch auch ein Durchsuchen des referenzierenden Objekts zum Auffinden der Referenz unnötig ist. Aufgrund der dynamischen und sich zur Laufzeit veränderbaren Anzahl an Backlinks werden diese nicht unmittelbar im referenzierten Objekt verwaltet, sondern mit Hilfe einer sog. Backchain [Tra96] miteinander verkettet (s. Abbildung 5.10), wodurch viel referenzierte Objekte nicht permanent um die Anzahl

5 Bereinigung multikonsistenter, verteilter Speicherbereiche

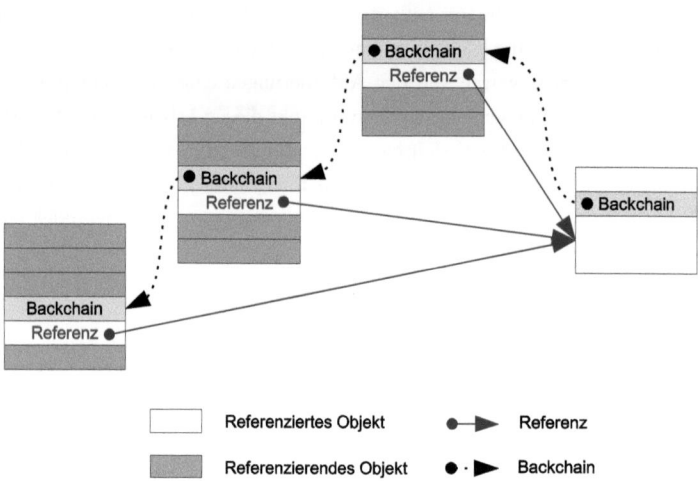

Abbildung 5.10: Backchain zur Verkettung referenzierender Objekte.

ihrer Backlinks erweitert oder neu aufgebaut werden müssen.

Die Backchain benötigt für jede Referenz in einem Objekt zwei Felder, eins für die eigentliche Objektreferenz und ein weiteres zur Verkettung innerhalb der Backchain. Der Kopf dieser verketteten Rückwärtsverweise ist direkt im referenzierten Objekt verankert und wird bei jeder neu erzeugten Referenz durch den neu hinzugekommen Backlink ersetzt. Der ursprüngliche Wert wird dabei in das Objekt mit der neu erzeugten Referenz verschoben, welches nun zum Kopf der Backchain wird. Die Verkettung der Backlinks ermöglicht so ein konstant schnelles Einfügen neuer Referenzen zur Laufzeit, wohingegen das Löschen einer Referenz u.U. zum Durchsuchen der gesamten Backchain führt und dabei womöglich alle verketteten Objekte zugegriffen werden. Sind die betroffenen Objekte dabei über viele Knoten verstreut, erhöht sich nicht nur der Netzwerkverkehr, sondern auch das Kollisionsrisiko mit anderen Aktivitätsträgern, da ein Entfernen innerhalb der Backchain auch eine Aktualisierung im vorherigen Element bewirkt und dadurch auch das entsprechende Objekt beschrieben wird. Aufgrund der aufgeführten Nachteile und dem nicht zu vernachlässigenden Aufwand beim Löschen von Referenzen ist das Verfahren der Backchain nur bedingt geeignet.

5.4.2 Backpacks

Eine alternativ entwickelte und erstmals in Plurix [GSFS04] implementierte Buchführung der Backlinks optimiert die Zugriffsgeschwindigkeit und den Speicherbedarf bei dessen Verwaltung. Insbesondere das Löschen einzelner Referenzen soll hierbei nicht zum Zugriff vieler, auf unterschiedlichen Knoten gespeicherter Objekte führen, um die notwendige Netzlast möglichst gering zu halten und die Leistungsfähigkeit des Gesamtsystem nicht negativ zu beeinträchtigen. Dies erfordert u.a. auch, dass Referenzänderungen nicht zu Änderungen im referenzierten Objekt selbst führen, da dies ein Schreibzugriff der entsprechenden Seite auf einem entfernten Knoten zur Folge haben kann und so u.U. Kollisionen mit unbeteiligten Transaktionen entstehen. Weiterhin ist eine Verteilung der Backlinks eines Objekts über den gesamten Cluster zu vermeiden, um die Zugriffszeiten so gering wie möglich zu halten. Passend zu diesen Kriterien werden Backlinks mit den sog. Backpacks [GFSS03] verwaltet, welche im Gegensatz zur Backchain als spezieller Container implementiert sind und alle Backlinks eines Objekts aufnehmen können. Ein Backpack wird demzufolge nur durch das Objekt, dessen Rückwärtsverweise es enthält, referenziert und wird bereits bei dessen Erzeugung angelegt, da zu diesem Zeitpunkt für gewöhnlich die erste Referenz auf das neu angelegte Objekt erzeugt wird. Im weiteren Verlauf verursachen Referenzzuweisungen lediglich eine Modifikation im entsprechenden Backpack, ohne dass hierbei das referenzierte Objekt selbst aktualisiert werden muss. Damit sind Kollisionen zwischen unterschiedlichen Transaktionen, verursacht durch die Buchhaltung der Backlinks, nur dann möglich, wenn alle diese Transaktionen eine Referenz auf dasselbe Objekt verändern und damit ein Schreibzugriff auf das dazugehörige Backpack auslösen. Mittels dieser Verfahrensweise ist eine Betrachtung der Backpacks im Zusammenhang der Objektrelozierung sowie Freispeichersammlung ausreichend, um alle referenzierenden Objekte bestimmen zu können. Im Vergleich zur Backchain verringern Backpacks dabei sowohl den notwendigen Kommunikationsaufwand als auch die Anzahl der Objekte, die zugegriffen werden, so dass sich das potentielle Kollisionsrisiko zwischen einer relozierenden und anderen Transaktionen im System reduzieren lässt.

Jedes Backpack besitzt eine bei der Erstellung vorgegebene Größe und kann nur eine begrenzte Anzahl an Backlinks aufnehmen. Ist seine Kapazität erschöpft muss es angemessen erweitert oder durch ein größeres ersetzt werden. Bedingt durch mögliche benachbarte Objekte im Speicher wäre eine Vergrößerung in den wenigsten Fällen praktikabel und ist deshalb ungeeignet. Eine Ersetzung des Backpacks durch ein größeres würde auch eine Anpassung in seinem Objekt zur Folge haben und ist aufgrund möglicher Kollisionen (s.o.) oder einer begünstigten Speicherfragmentierung nicht zu empfehlen. Infolgedessen wäre ein spezielles Objekt als Bindeglied

5 Bereinigung multikonsistenter, verteilter Speicherbereiche

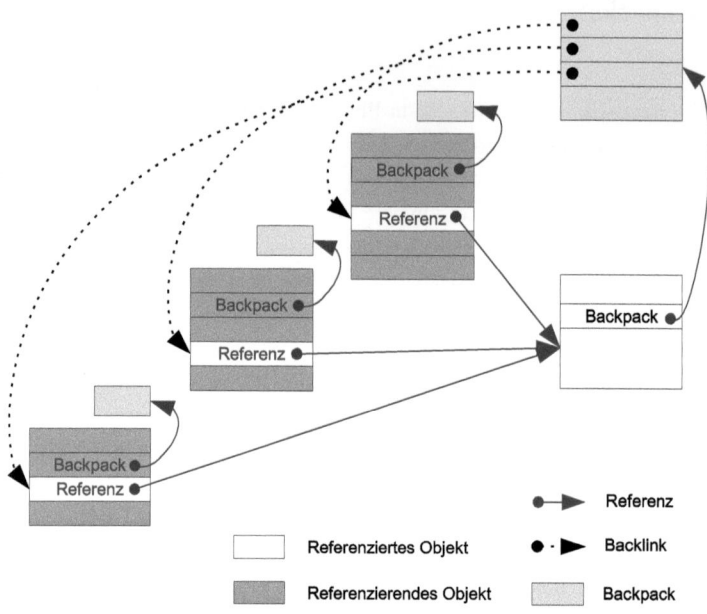

Abbildung 5.11: Backpacks dienen als Container für die Backlinks seines Objekts.

zwischen Objekt und korrespondierenden Backpack oder die Verkettung der Backpacks eine geeignetere Vorgehensweise, um ein diese dynamisch zu erweitern. Eine Indirektion mittels einem sog. Brücken-Objekt ermöglicht zwar den Austausch eines Backpacks zur Laufzeit, ohne hierbei auf das dazugehörige Objekt zugreifen zu müssen, führt aber zu einem erhöhten Speicherbedarf, der sich leicht mit einer direkten Verkettung von Backpacks vermeiden lässt, weshalb sich diese am Besten zur dynamischen Anpassung eignet.

Werden bei dieser Art der Erweiterung Verweise auf verkettete Backpacks wie reguläre Referenzen behandelt, so führt dies zur Erzeugung entsprechender Backlinks und damit zu Backpacks von Backpacks. Um dies zu verhindern, kann während der Erstellung einer Referenz ihr Typ geprüft und bei Bedarf die Erzeugung des Backlinks verhindert werden, wenn die Objektreferenz vom Typ Backpack ist. Diese Unterscheidung zur Laufzeit erhöht allerdings nicht nur den Zeitaufwand für das Erstellen von Referenzen, sondern führt auch zu Backpacks ohne eigenen Backlink, wodurch sich ihr korrespondierendes Objekt nicht mehr direkt ermitteln lässt und damit eine einfache Relozierung ausgeschlossen ist. In diesem Fall könnte die Eigenschaft ausgenutzt werden, dass immer nur eine Referenz auf ein Backpack existiert, so dass sich der entsprechende Backlink auch direkt im Backpack vermerken lässt und damit die Erzeugung zusätzlicher Backpacks umgangen werden kann. Allerdings erfordert solch ein direkter Backlink auch eine Sonderbehandlung der Backpacks während der Freispeichersammlung und bei einer Relozierung. Alternativ hierzu wäre ein Zugriff auf die Backpacks ohne eine reguläre Objektreferenz möglich. Hierbei würde kein Backlink implizit erzeugt werden und der Eintrag für das dazugehörige Objekt im Backpack müsste manuell erstellt werden. Allerdings erfordert auch diese Methode eine Sonderbehandlung von Backpacks bei ihrer Relozierung sowie Freispeichersammlung. Eine Lösung dieser Problematik ergibt sich durch die Verwendung sog. interner Backlinks, die direkt innerhalb eines Objekts gespeichert werden und damit die genannte Sonderbehandlung beim Objekt sowie beim dazugehörigen Backpack überflüssig machen können.

Die Kombination von Backpacks und internen Backlinks stellt einen Kompromiss zwischen Speicherausnutzung und dem Wunsch dar, Objekte bei Referenzänderungen nicht aktualisieren zu müssen. Backpacks sind zwar eine gute Möglichkeit die Backlinks von Objekten separat zu verwalten, benötigen selbst aber auch Speicher, nicht nur für die darin enthaltenen Rückwärtsverweise sondern auch für die eigenen Objektdaten. Werden Objekte oft referenziert und besitzen damit eine große Anzahl an Backlinks, dann ist der zusätzliche Speicherbedarf zu vernachlässigen. Ist aber das Gegenteil der Fall und ein Objekt wird bspw. nur einmal referenziert, so ist der Aufwand für ein Backpack unangemessen. Aus diesem Grund kann die genannte Kombination sinnvoll sein, wenn jedes Objekt eine kleine Anzahl seiner Backlinks (interner Backlinks) selbst aufnehmen kann und somit kein Backpack angelegt werden muss. Sobald die internen Backlinks nicht mehr ausreichen, werden sie durch ein Backpack ersetzt und fortan sämtliche Backlinks mittels diesem verwaltet. Hierbei ist zu beachten, dass eine zu große Anzahl interner Backlinks u.U. nicht nur Speicherplatz innerhalb der Objekte verschwendet, da in jedem Objekt entsprechender Platz vorab und vielleicht unnötig reserviert wird, sondern sich auch das Kollisionsrisiko erhöht, wenn bspw. alle internen Backlinks häufig angepasst werden müssen und damit auch stets das referenzierte Objekt beschrieben wird.

5.5 Laufzeitoptimierung mittels Symbolinformationen

Backlinks kombiniert mit Backpacks sind eine gute Grundlage für eine einfache Relozierung von Objekten zur Laufzeit, ohne dabei den Speicher mehrfach durchlaufen zu müssen. Im Idealfall gestaltet sich auch die Statusbestimmung eines Objekts sehr einfach, weil bereits ein Zählen der Backlinks hierfür ausreichend sein kann, wenn das Objekt nicht Bestandteil zy-

5 Bereinigung multikonsistenter, verteilter Speicherbereiche

klischer Strukturen ist [SGF$^+$06]. Aber auch zyklische Strukturen, welche von außen nicht mehr referenziert werden, lassen sich mittels Backlinks und einer hierauf aufbauenden inversen Referenzverfolgung erkennen und aufbrechen. Trotz der genannten Vorteile verursacht die Verwaltung von Backlinks und Backpacks einen nicht unerheblichen Mehraufwand zur Laufzeit, welcher nicht zu vernachlässigen ist. Hierzu gehört nicht nur der zusätzliche Bedarf an Speicherplatz, der für die Verwaltung der Backlinks und Backpacks notwendig ist, sondern besonders die dafür benötigte Rechenzeit. Hinsichtlich des Speicherbedarfs ist die beschriebene Kombination von internen Backlinks und Backpacks durchaus eine akzeptable Verfahrensweise, in Anbetracht ihrer Möglichkeit, Objekte schnell und einfach zu verschieben ohne dafür den kompletten VVS zu durchsuchen. Andererseits erhöhen sich die Laufzeitkosten jeder Zuweisung im Vergleich zu einer gewöhnlichen Zuweisung, wie sie durch den Compiler implementiert ist, erheblich, wenn sämtliche Referenzänderungen abgefangen und hierbei entsprechende Backlinks bzw. Backpacks verwaltet werden. Unter Umständen wird hierbei nicht nur der jeweilige Backlink im entsprechenden Backpack eingetragen, sondern auch ein neues Objekt angelegt, wenn bisher kein Backpack benötigt wurde oder dessen Kapazität erschöpft ist. In so einem Fall erhöht sich der zusätzliche Aufwand bei einer Zuweisung nicht nur um die Verwaltung der Rückwärtsverweise, sondern auch um die Allozierung eines neuen Backpacks, wodurch ein weiterer Rückwärtsverweis entstehen kann, wenn jedes Objekt im Heap eine Referenz auf seinen Typ enthält. In diesem Fall werden auch für sämtliche Typen im System entsprechende Backlinks verwaltet, die typischerweise bei jeder Erzeugung einer neuer Instanz entstehen.

Rückwärtsverweise sind im Zusammenhang eines VVS eine sehr gute Ausgangsbasis für eine unkomplizierte Relozierung von Objekten und bieten zudem auch die Möglichkeit nicht mehr referenzierte Objekte sofort zu erkennen, vergleichbar mit Referenzzählern. Verzichtet das System aufgrund der genannten Nachteile auf solche oder ähnliche Informationen, gestaltet sich die Relozierung einzelner Objekte um ein vielfaches schwieriger, da hierfür mindestens ein Durchlaufen des gesamten Speichers notwendig wäre, um alle referenzierenden Objekte zu ermitteln. Diese Vorgehensweise geht zwar vollständig zu Lasten der Speicherverwaltung und ihrer Relozierungsfunktion im speziellen, erhöht ihren Aufwand aber erheblich und führt dabei im Zusammenhang mit ihrer transaktionalen Ausführung zu einem erhöhten Konfliktpotential mit nebenläufigen Transaktionen im System, weil sämtliche Objekte im Speicher betrachtet werden.

In Anbetracht der Notwendigkeit, Objekte zur Laufzeit verschieben zu können, ohne hierfür den gesamten Speicher mehrmalig traversieren oder sämtliche Referenzänderungen zur Laufzeit überwachen zu müssen, werden erweiterte Informationen über Objektstrukturen und deren Zusammenhänge benötigt, welche Aufschluss über ihren Aufbau und ihre Abhängigkeiten geben können, so dass bspw. nicht nur mögliche Vererbungshierarchien bekannt sind, sondern auch die

5.5 Laufzeitoptimierung mittels Symbolinformationen

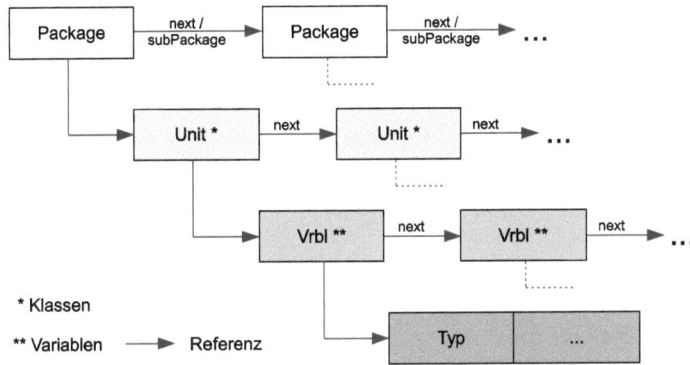

Abbildung 5.12: Aufbau der Symbolinformationen in Rainbow OS.

Referenzierbarkeit von anderen Typen im System. Solche Informationen könnten bereits zum Zeitpunkt der Übersetzung vom Compiler erstellt oder mit dessen Hilfe zur Laufzeit generiert werden, vorausgesetzt dieser bietet entsprechende Funktionalität, um relevante Objektabhängigkeiten zu ermitteln, ohne hierbei sämtliche Referenzänderungen zu berücksichtigen.

In Rainbow OS bietet der Compiler die Möglichkeit, bereits während der Übersetzung des Systems, erweiterte Informationen (sog. Symbol-Informationen (SI), s. Abbildung 5.12) zu generieren, die allgemein über die Struktur aller Typen und deren Abhängigkeiten untereinander Aufschluss geben. Damit lassen sich bspw. die vom Entwickler definierten Felder für jeden Objekttyp in ihrer Art und Anzahl bestimmen, so dass primitive Datentypen von Referenzen unterschieden werden können und sich auch der Typ einer Referenz ermitteln lässt. Neben diesen vom Entwickler definierten Abhängigkeiten liefert der Compiler ggf. auch Informationen über Vererbungshierarchien und den implementierten Schnittstellen eines bestimmten Typs.

Aufbauend auf diesen SI werden in den beiden folgenden Kapiteln zwei, im Rahmen dieser Arbeit entwickelte Verfahren der Freispeichersammlung vorgestellt, die einerseits die Vorteile der inversen Referenzverfolgung bieten sollen und andererseits dabei die Laufzeitumgebung und damit sämtliche Aktivitätsträger im System nach Möglichkeit nur gering oder gar nicht in ihrer Ausführung beeinträchtigen.

5 Bereinigung multikonsistenter, verteilter Speicherbereiche

5.5.1 Relaxed Backpacks

Mit Hilfe der SI lassen sich alle Strukturen einzelner Objekte sowie deren Abhängigkeiten untereinander ermitteln, auf welche u.a. diverse Systemfunktionen aufbauen können. Der Freispeichersammlung ist es so bspw. möglich, für ein beliebiges Objekt all diejenigen Typen zu bestimmen, von deren Instanzen es potentiell referenziert werden kann, um so ihre Funktionsweise hinsichtlich der oben genannten Kriterien zu optimieren. In Anbetracht der verfügbaren Mittel verbleibt neben dem Abfangen von sämtlichen Referenzzuweisungen lediglich der Zeitpunkt der Objekterzeugung als Eingriffsmöglichkeit, um zumindest noch einen Teil der sich ständig ändernden Objektstrukturen überwachen zu können. In diesem Fall lassen sich aber keine Referenzänderungen mitprotokollieren, so dass weiterhin unklar bleibt, von wem ein Objekt referenziert wird und wie sich diese Referenzen zur Lebenszeit verändern. Lediglich die Menge der referenzierenden Objekte lässt sich so eingrenzen, weil ein Objekt nur von einem anderen referenziert werden kann, wenn dieses eine Referenz vom entsprechenden Typ besitzt. Unter Verwendung der SI lassen sich bei der Objekterzeugung alle Typen bestimmen, deren Instanzen potentiell referenziert werden können. Ob und welches Objekt zur Laufzeit tatsächlich referenziert wird ist zu diesem Zeitpunkt nicht entscheidbar, weshalb diese Informationen auch nicht für die Verwaltung von den oben beschriebenen Backlinks genutzt werden können, sondern sich lediglich die Menge aller möglichen Backlinks (sog. potentielle Backlinks) bestimmen lässt. Diese Menge beinhaltet aber gleichzeitig auch alle tatsächlichen Backlinks, so dass sich auch mit dieser Vorgehensweise sämtliche referenzierenden Objekte ermitteln lassen. Unter der Annahme, dass zur Laufzeit im System deutlich weniger Objekte angelegt, als Referenzen geändert werden, beansprucht eine Freispeichersammlung in Summe weniger Rechenkapazitäten von den übrigen Aktivitätsträgern als eine alternative Verwaltung mittels Backpacks. Sämtliche Aktivitätsträger bleiben so bei Referenzänderungen unbeeinflusst, weil lediglich bei der Erzeugung neuer Objekte die Menge der potentiellen Backlinks aktualisiert wird. Im Vergleich zu den potentiellen Backlinks können auch Backpacks einen Verwaltungsaufwand beim Allozieren neuer Objekte verursachen, weil jedes Objekt sein eigenes Backpack besitzt und dieses ggf. nicht nur angelegt, sondern auch mit einem Backlink bei seinem Typ vermerkt wird. Die vorgestellte Relaxierung der Verwaltungsinformationen erhöht zwar den Aufwand bei einer Relozierung oder Freispeichersammlung, beeinflusst aber die Ausführung der übrigen Aktivitätsträger, welche häufig Referenzen ändern, ggf. nur in geringem Maß und ist damit den Backpacks vorzuziehen.

Aufgrund der genannten Vorteile wurde dieses neu entwickelte Konzept im Rahmen dieser Arbeit in Rainbow OS integriert, so dass potentielle Backlinks mit Hilfe der sog. Relaxed Backpacks (RB) gespeichert und verwaltet werden (s. Abbildung 5.13). Diese enthalten sämtliche

5.5 Laufzeitoptimierung mittels Symbolinformationen

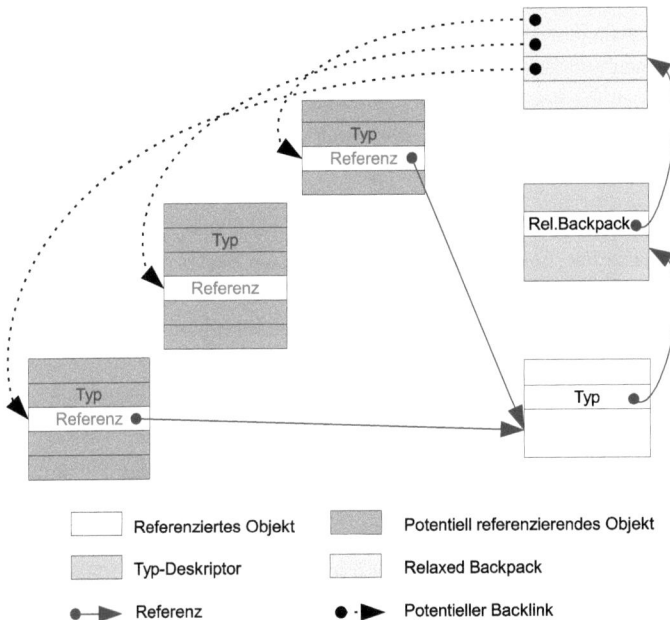

Abbildung 5.13: Potentielle Backlinks werden für jeden Typ in seinem Relaxed Backpack verwaltet.

Verweise auf Objekte, von denen das zum RB korrespondierende Objekt referenziert werden kann. Bei dieser Vorgehensweise ist die Menge der potentiellen Backlinks für sämtliche Objekte eines bestimmten Typs gleich, so dass diese nicht für jede Instanz separat verwaltet werden, sondern lediglich für einen bestimmten Objekttyp und direkt mit diesem verknüpft werden können, wodurch sie für jedes Objekt an definierter Position auffindbar sind.

Bei einer Relozierung zur Laufzeit lassen sich mit Hilfe der RBs alle referenzierenden Objekte dynamisch anpassen, ohne hierfür den gesamten Speicher traversieren zu müssen. Dabei verfolgt die Speicherverwaltung alle potentiellen Backlinks aus dem zugehörigen RB und aktualisiert sämtliche Referenzen in den referenzierenden Objekten. Aufgrund der unscharfen (unpräzisen) Informationen werden bei der Durchführung u.U. auch Objekte betrachtet, die das verschobene Objekt zwar referenzieren könnten, es aber nicht referenzieren und damit umsonst inspiziert wurden. Dennoch lassen sich so alle referenzierenden Objekte auffinden, ohne dass hierfür eine permanente Überwachung von Referenzzuweisungen und Protokollierung notwendig ist. Im Vergleich zu den Backpacks verschiebt sich beim Einsatz der RBs so ggf. der Großteil des benötigten

5 Bereinigung multikonsistenter, verteilter Speicherbereiche

Aufwands von den Aktivitätsträgern in die Relozierungs- oder Bereinigungsfunktion der Speicherverwaltung, wenn diese den Speicher reorganisiert oder aufräumt. Insbesondere zeitkritische Aktivitäten können von diesem abgeschwächten Informationsgehalt in den Verwaltungsstrukturen profitieren, weil der beschriebene Mehraufwand im Wesentlichen die Verarbeitungszeit der entsprechenden Funktionen in der Speicherverwaltung und nicht die der übrigen Aktivitäten im Cluster beeinflusst.

Innerhalb der RBs ist eine einfache Listenstruktur oder ähnliches ausreichend für die Organisation der potentiellen Backlinks. Denn im Gegensatz zu den Backpacks müssen einzelne Einträge der RBs nicht ständig angepasst werden, weshalb auf eine aufwändige Hashing-Strategie oder ähnliches zum gezielten Auffinden bestimmter Einträge verzichtet werden kann. Nur wenn ein Objekt von der Freispeichersammlung eingesammelt wird, werden die korrespondierenden Einträge in den RBs gelöscht. Das Einfügen neuer Einträge lässt sich so schnell und effektiv durchführen, weil hierbei keine spezielle Reihenfolge innerhalb des RBs zu beachten ist. Bevor jedoch ein potentieller Backlink in einem RB vermerkt werden kann, müssen entsprechende Typen ermittelt werden, auf deren Instanzen das dazugehörige Objekt verweisen könnte. Hierfür sind entsprechende Kenntnisse über Abhängigkeiten und Objektstrukturen im System notwendig, wie sie die beschriebenen SI liefern, so dass sich bereits beim Systemstart eine sog. Zielmenge[21] für jeden Typ erstellen lässt (s. Abbildung 5.14). Die Zielmenge eines Typs enthält somit Referenzen auf sämtliche Typen im System, die von ihm referenziert werden können und wird wie die RBs direkt mit diesem verknüpft. Auf diese Weise lässt sich bei einer Objektallozierung der potentielle Backlink entsprechend schnell in die RBs aus der Zielmenge eintragen. Vergleichbar zu einem RB können die Einträge der Zielmenge dabei mit einer einfachen Listenstruktur verwaltet werden, weil diese nicht gezielt ausgelesen werden und ihre Reorganisation nur im Fall einer Neuübersetzung der Typen notwendig wäre, wenn sich hierbei die Abhängigkeiten und Objektstrukturen ändern.

Vergleichbar zu der Vorgehensweise beim Einsatz von Backpacks lassen sich auch mit Hilfe der RBs tote Objekte von der Freispeichersammlung im Speicher auffinden und einsammeln. Zu diesem Zweck verfolgt sie alle potentiellen Backlinks im RB und überprüft entsprechende Referenzen in den potentiell referenzierenden Objekten. Eine rekursive Auswertung der RBs, bei der bspw. ein Pfad zur Wurzelmenge gesucht wird, ermöglicht der Freispeichersammlung auch ein Auffinden und Aufbrechen zyklischer Strukturen von nicht mehr verwendeten Objekten.

Ähnlich wie die Backpacks eignet sich also auch das neu vorgestellte Konzept der RBs für eine Bereinigung und Reorganisation des Speichers. Die inverse Vorgehensweise ermöglicht ebenfalls

---

[21]engl. Target Set

5.5 Laufzeitoptimierung mittels Symbolinformationen

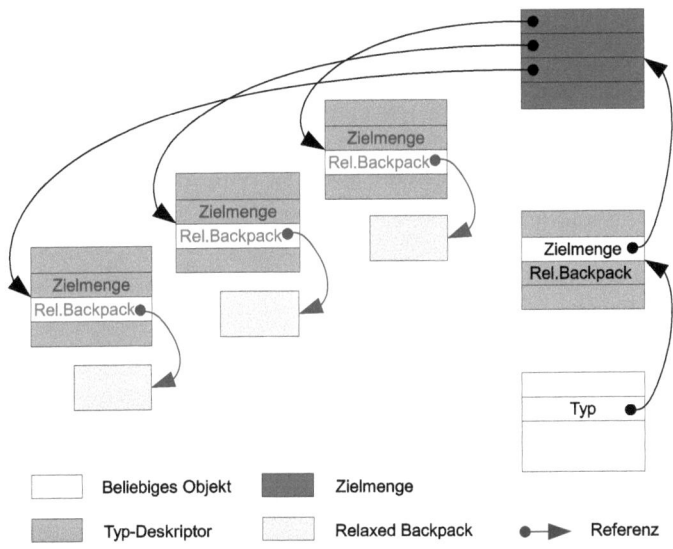

Abbildung 5.14: Die Zielmenge eines Typs enthält seine referenzierbaren Typen.

die gewünschte selektive Betrachtung einzelner Objekte zur Laufzeit. Die abgeschwächte Präzision führt dabei zwar zu einem gewissen Mehraufwand innerhalb der Freispeichersammlung, kann aber zugleich die Belastung der übrigen Aktivitätsträger im System reduzieren, so dass im Fall von zeitkritischen Aktivitäten die RBs den Backpacks ggf. vorzuziehen sind.

5.5.2 Typbasierte Referenzverfolgung

Backpacks und RBs bieten beide die Möglichkeit, Objekte zur Laufzeit elegant zu verschieben, ohne dabei den gesamten Speicher nach referenzierenden Objekten durchsuchen zu müssen. Weiterhin ist mit beiden Verfahren der Status von Objekten bestimmbar, so dass tote Objekte gefunden und bei Bedarf eingesammelt werden können. Aufgrund der inversen sowie selektiven Vorgehensweise eignen sich beide Verfahren für einen verteilten Speicher, bei dem es von Vorteil ist, wenn kleine Mengen an Objekten und damit selektiv kleine Speicherbereiche zugegriffen werden sollen. Im Gegensatz zu den Backpacks beanspruchen die RBs im günstigsten Fall deutlich weniger Laufzeit der übrigen Aktivitätsträger im System, weil diese Vorgehensweise auf das

5 Bereinigung multikonsistenter, verteilter Speicherbereiche

Abfangen und Verwalten von Referenzänderungen verzichten kann, was sich insbesondere dann positiv auswirkt, wenn dies sehr häufig geschieht. Allerdings beanspruchen auch die RBs einen kleinen Teil der Laufzeit innerhalb eines Aktivitätsträgers, wenn dieser Objekte erzeugt und dabei potentielle Backlinks in den RBs eingetragen werden, wodurch auch sie die Performanz belasten können, wenn auch in geringem Maß. Ist selbst solch eine reduzierte Belastung aufgrund von strikten Zeitvorgaben nicht akzeptabel, dann sind sowohl Backpacks als auch RBs eher ungeeignet. In diesem Fall ist ein Verfahren vorzuziehen, welches ganz ohne die Überwachung von Referenzänderungen oder der Protokollierung möglicher Referenzen einsetzbar ist und weiterhin die Vorteile der inversen Referenzverfolgung im Zusammenhang mit einem VVS ausnutzt. Als Konsequenz wäre eine weitere Relaxierung des Informationsgehalts die Folge, wenn weder Backlinks noch potentielle Backlinks verwaltet werden sollen.

Wird die Abschwächung von Backpacks hin zu den RBs konsequent weiterverfolgt, dann ergibt sich ein Verfahren, welches den gewünschten Anforderungen entspricht und dennoch eine inverse Referenzverfolgung von Objekten zur Laufzeit ermöglicht, ohne dass hierfür Aktivitätsträger in ihrer Laufzeit beeinflusst werden oder der gesamte Speicherinhalt betrachtet werden muss. Ausgangsbasis für solch ein Verfahren sind ausreichende Kenntnisse über Struktur und Abhängigkeiten aller Objekte im System, mit welchen sich für jeden Typ die referenzierenden Typen ermitteln lassen. Weiterhin ist es vorteilhaft, die Speicherpositionen der Instanzen eines bestimmten Typs zu kennen, so dass sich im Zusammenhang mit den Kenntnissen über die Systemstrukturen auch alle referenzierenden Objekte im Speicher ermitteln lassen. Allerdings ist mit diesen Informationen noch nicht entscheidbar, ob ein beliebiges Objekt von einer beliebigen Instanz von einen der referenzierenden Typen tatsächlich referenziert wird oder nicht. Um dies festzustellen zu können ist eine separate Betrachtung aller relevanten Objekte erforderlich, bei denen entsprechende Referenzen zu vergleichen sind. Diese Vorgehensweise resultiert u.U. in einem erhöhten Aufwand für Speicherverwaltung im Fall der Relozierung oder Freispeichersammlung, beansprucht im günstigsten Fall aber keinerlei Rechenzeit innerhalb der übrigen Aktivitätsträger im System, wodurch deren Performanz von den Funktionen der Speicherverwaltung nicht negativ beeinträchtigt werden können. Ähnlich wie bei den beiden vorherigen Verfahren führt der Verzicht auf zur Laufzeit gesammelte Informationen zu einer Reduzierung der Last in den Aktivitätsträgern und zu einem erhöhten Aufwand in der Freispeichersammlung.

Das im Rahmen dieser Arbeit neu entwickelte Verfahren einer typbasierten Referenzverfolgung wurde in Rainbow OS in Form des sog. Typebased Reference Tracking (TRT) implementiert und bietet der Speicherverwaltung einerseits eine inverse Referenzverfolgung zur Freispeichersammlung sowie Relozierung und erhöht dabei im Vergleich zu anderen Verfahren die Leistungsfähigkeit der Aktivitätsträger im Cluster, weil diese während ihrer Ausführung nicht negativ

5.5 Laufzeitoptimierung mittels Symbolinformationen

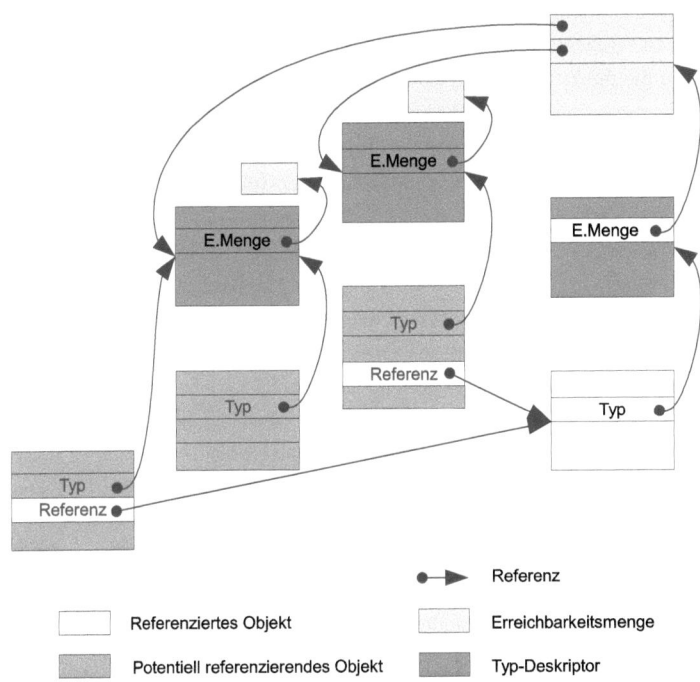

Abbildung 5.15: Das Typebased Reference Tracking verwaltet referenziernde Typen in einer sog. Erreichbarkeitsmenge.

beeinträchtigt werden.

Ausgangspunkt für dieses Verfahren sind die vom Compiler bereitgestellten SI, mit denen sich für jeden beliebigen Objekttyp die ihn referenzierenden Typen ermitteln lassen, so dass bereits beim Start des Systems (oder bei Bedarf) eine sog. Erreichbarkeitsmenge[22] für jeden Typ erstellt werden kann, in der festgehalten wird, von wem dieser grundsätzlich referenziert werden kann (s. Abbildung 5.15). Dabei sind auch Vererbungshierarchien sowie implementierte Schnittstellen (sog. Interfaces) zu berücksichtigen, damit die Vollständigkeit der Erreichbarkeitsmenge gegeben ist. Für die Organisation der Elemente innerhalb der Erreichbarkeitsmenge bietet sich eine einfache Listenstruktur an, weil einerseits die Anzahl ihrer Einträge bereits zum Zeitpunkt des Aufbaus bekannt ist und nur bei einer Neuübersetzung ggf. aktualisiert werden muss und

---

[22] engl. Direct Reachability Set

5 Bereinigung multikonsistenter, verteilter Speicherbereiche

andererseits alle Elemente sequenziell ausgelesen werden und ihre Reihenfolge für das TRT unbedeutend ist. Referenziert durch den jeweiligen Typ lassen sich mit Hilfe seiner Erreichbarkeitsmenge die direkt referenzierenden Typen in kürzester Zeit auffinden. Zusätzlich zu der Erreichbarkeitsmenge werden noch die entsprechenden Instanzen benötigt, insofern zur Laufzeit welche erzeugt wurden, um bspw. selektiv Objekte verschieben zu können. Für die Erfassung und Verwaltung aller Instanzen eines Typs in einer sog. Inkarnationsmenge[23] bieten sich grundsätzlich zwei Verfahrensweisen an. Entweder liefert eine vollständige Betrachtung des Speichers dem TRT sämtliche Instanzen oder eine entsprechende Protokollierung zum Zeitpunkt ihrer Erzeugung. Letzteres erfordert zwar einen Eingriff in die Laufzeitumgebung, welcher aber bei geschickter Umsetzung durchaus zu vernachlässigen ist, weil im Gegensatz zu den RBs lediglich die Adresse der gerade erzeugten Instanz vermerkt wird. Folglich erfordert dieser kalkulierbare Eingriff nur einen einzigen Schreibzugriff und beeinträchtigt die Allozierung damit nur minimal. Andererseits können die einzelnen Instanzen der verschiedenen Typen im System auch zur Laufzeit ermittelt werden, wodurch sich zwar ein zusätzlicher Schreibzugriff während der Objekterzeugung vermeiden lässt, aber die notwendige Ausführungszeit des TRT deutlich erhöht werden kann. Bei der Wahl zwischen diesen beiden Möglichkeiten müssen auch die Aspekte der Verteilung berücksichtigt werden, weil eine Analyse sämtlicher Objekte im VVS einen großen Kommunikationsaufwand verursachen kann. Selbst wenn diese inkrementell durchgeführt wird, sind u.U. große Datenmengen von anderen Knoten anzufordern.

Ausgehend von einer vollständigen Erreichbarkeits- sowie Inkarnationsmenge für jeden Typ im System lassen sich für ein beliebiges Objekt alle referenzierenden Objekte im Speicher mittels einer inversen Referenzverfolgung bestimmen. Beginnend bei seiner Erreichbarkeitsmenge werden sämtliche Instanzen der notierten Typen mit Hilfe seiner Inkarnationsmenge analysiert und so referenzierende Objekte ermittelt. Bei einer Objektrelozierung können so alle relevanten Objektreferenzen angepasst werden, ohne hierfür den gesamten Speicher durchlaufen zu müssen. Auf diese Weise sind alle direkt referenzierenden Objekte erkennbar, so dass auch die Freispeichersammlung nicht mehr referenzierte Objekte direkt einsammeln kann. Dabei stellen auch zyklische Strukturen toter Objekte kein Problem dar, weil sich auch diese durch eine rekursive Auswertung, bei der bspw. ein Pfad zur Wurzelmenge gesucht wird, ebenfalls finden und anschließend aufbrechen lassen.

Das neu entwickelte und in Rainbow OS integrierte TRT-Verfahren eignet sich also nicht nur zur Relozierung einzelner Objekte sondern auch als Ausgangsbasis für die Freispeichersammlung, um nicht mehr verwendete Objekte selektiv einzusammeln und dessen Speicherplatz wiederzu-

---

[23] engl. Incarnation Set

verwenden. Im Gegensatz zu den Verfahren basierend auf Backpacks oder RBs belastet dieses die übrigen Aktivitätsträger im Cluster am wenigstens oder gar nicht während ihrer Ausführung, weil die Speicherverwaltung keine aufwändige Buchhaltung über die Objektstrukturen zur Laufzeit führen muss. So eignet sich das TRT besonders für Systeme mit zeitkritischen Aktivitäten, die in ihrer Ausführung möglichst ungestört bleiben sollen, wenn dabei die Eigenschaften der inversen Referenzverfolgung von Vorteil sind, weil bspw. eine gewöhnliche Referenzverfolgung zu einer erhöhten Datenübertragung und entsprechenden Latenzen führt.

Ähnlich wie bei den zuvor vorgestellten Backpacks und RBs ist auch das TRT ein Kompromiss zwischen Genauigkeit der verfügbaren Informationen und dem benötigten Aufwand im Fall der Statusbestimmung und Relozierung. Je detaillierter die zur Verfügung stehenden Informationen sind, desto leichter lassen sich Objekte zur Laufzeit im Speicher verschieben und entsprechende Referenzen anpassen. Allerdings erfordern detailliertere Informationen auch eine präziser arbeitende Buchhaltung, bspw. in Form von Backlinks und Backpacks, welche dabei die Leistungsfähigkeit der übrigen Aktivitätsträger im System bei ihrer Ausführung beeinflusst. Andererseits reduziert solch eine detaillierte Buchhaltung den benötigten Aufwand für eine Relozierung oder Statusbestimmung zur Laufzeit, wie er bspw. bei Verfahren mit RBs und dem TRT nötig ist, wodurch sich auch die entsprechende Ausführungszeit verkürzen lässt.

5.6 Multikonsistenz im Kontext der Freispeichersammlung

Im Zusammenhang mit multikonsistenten Datenstrukturen sind zwei grundlegende Punkte von einer Freispeichersammlung zu berücksichtigen. Einerseits sollten alle Datenstrukturen, unabhängig von ihren Konsistenzeigenschaften, bereinigt und dabei freigewordener Speicherplatz entsprechend seinem Konsistenzmodell wiederverwendet werden, so dass die grundlegenden Aufgaben und Ziele einer Freispeichersammlung unverändert bleiben, auch wenn dabei Datenstrukturen diverser Konsistenzmodelle zu berücksichtigen sind. Auf der anderen Seite bietet die Eigenschaft der Multikonsistenz im Zusammenhang mit einer Freispeichersammlung u.U. auch Optimierungspotential, um ihre Funktionsweise und Ausführung effizienter zu gestalten. Ähnlich wie Anwendungen im System diverse Konsistenzmodelle für ihre Datenstrukturen verwenden, um eine optimale Performanz zu erreichen, kann auch die Freispeichersammlung dies in vergleichbarer Art und Weise für sich ausnutzen. So könnte sie bspw. ihre eigenen Datenstrukturen mit einem Konsistenzmodell verwalten, welches ihre nebenläufige Ausführung in

5 Bereinigung multikonsistenter, verteilter Speicherbereiche

Verbindung mit den übrigen Aktivitätsträgern in der Art optimiert, dass sich ein vorhandenes Konfliktpotential minimiert oder gar ganz eliminieren lässt. Eine Diskussion über die Gestaltung solcher, speziell für die Aufgaben und Funktionsweise einer Freispeichersammlung definierten Konsistenzmodelle würde den Rahmen dieser Arbeit überschreiten, weshalb hierauf verzichtet und auf zukünftige Arbeiten verwiesen wird.

Rainbow OS bietet dem Benutzer diverse Konsistenzmodelle zur Verwaltung seiner Datenstrukturen, die mit Hilfe eines speziellen Objektlayouts im Speicher realisiert werden (s. Kapitel 4.2.2), so dass Referenzen und primitive Datentypen getrennt voneinander gespeichert werden können und die indirekten Datentypen einem anderen Konsistenzmodell als der Transaktionalen Konsistenz unterliegen können. Daraus ergibt sich für die Freispeicherverwaltung, dass sie sowohl die direkten als auch die indirekten Speicherbereiche zu berücksichtigen hat und bei Bedarf einsammelt. Dabei lassen sich alle indirekten Daten durch ihren Deskriptor, der stets alle Referenzen des Objekts beinhaltet, finden und zugreifen. Aufgrund dieser Eigenschaft können beide Speicherbereiche leicht parallel bereinigt werden, weil alle indirekten Teile implizit mit ihren korrespondierenden Deskriptoren eingesammelt werden können und ihre Reihenfolge in den unterschiedlichen Speicherregionen durch diese vorgegeben ist. So lassen sich parallel geführte Verwaltungsinformationen sowie eine fehlerhafte Freigabe in den einzelnen Speicherregionen vermeiden, ohne dabei spezielles Wissen über die verschiedenen Konsistenzmodelle besitzen zu müssen.

5.7 Offline Freispeichersammlung

Bisher betrachtete sowie im Rahmen dieser Arbeit entwickelte Verfahren der automatischen Speicherbereinigung für ein verteiltes System sind jeweils eine Teilmenge der Aktivitätsträger, welche nebenläufig bzw. parallel ausgeführt werden. Hierbei kann die Ausführung auf einzelne Knoten beschränkt oder über mehrere verteilt sein, das Auffinden nicht mehr referenzierter Objekte beansprucht immer einen Teil der gegebenen Rechenkapazitäten, unabhängig vom eingesetzten Verfahren. Infolgedessen beeinflussen alle Algorithmen auch die übrigen Aktivitätsträger im System durch ihre Arbeit. Manch einer hat dabei direkten Einfluss auf die Performanz von Aktivitätsträgern, wenn bspw. sämtliche Referenzänderungen überwacht und protokolliert werden, oder indirekt, weil die verfügbare Rechenkapazität insgesamt beschränkt ist. Generell lässt sich die notwendige Verarbeitungs- sowie Verwaltungszeit solcher Verfahren nicht auf Null reduzieren, wenn kontinuierlich nicht mehr benötigte Objekte eingesammelt und dessen Speicherplatz zur Wiederverwendung freigegeben werden sollen.

5.7 Offline Freispeichersammlung

Um die gegebene Leistungsfähigkeit eines Clusters nicht durch das Bereinigen von Speicher zu schmälern, müsste die Freispeichersammlung parallel und unabhängig von den übrigen Aktivitäten der Knoten oder vom Programmierer übernommen werden, so dass jeder Knoten seine Rechenkapazitäten für sonstige Aktivitäten verwenden kann, ohne einen Teil hiervon für das Auffinden von nicht mehr referenzierten Objekten aufwenden zu müssen. Die manuelle Speicherfreigabe durch den Programmierer würde zwar die Speicherverwaltung enorm entlasten, da im Idealfall nicht mehr benötigte Objekte direkt und im Anschluss ihrer Verwendung freigegeben werden und nicht erst gesucht werden müssen, würde gleichzeitig aber auch das fehlerfreie Programmieren sowie Arbeiten im System deutlich erschweren. Aus diesem Grund ist die manuelle Speicherfreigabe keine geeignete Alternative für ein modernes und benutzerfreundliches System (s. Kapitel 5.1).

5.7.1 Anforderungen

Eine von der Rechenkapazität des Clusters völlig unabhängige Freispeichersammlung müsste an anderer Stelle, außerhalb des eigentlichen Clusters ausgeführt werden, so dass kein Knoten Teile seiner Rechenkapazität der Freispeichersammlung zur Verfügung stellen muss. Solch ein Auslagern auf eine separate Maschine oder einen unabhängigen Verbund von Maschinen wäre allerdings mit einigen Randbedingungen sowie Einschränkungen verbunden. So darf ein spezieller Knoten, welcher lediglich für die Bereinigung des Speichers zuständig ist, nicht zum Flaschenhals für das System werden, so dass dieser dessen Leistungsfähigkeit negativ beeinflussen kann. Weiterhin sollte solch ein ausgelagertes (extern ausgeführtes) Verfahren nach Möglichkeit in einer Art und Weise agieren, dass dessen Kommunikationsaufwand so gering wie möglich gehalten wird und der Netzwerkverkehr der Cluster-Knoten nicht negativ beeinträchtigt wird.

Das Auslagern der Freispeichersammlung aus dem eigentlichen System impliziert einige grundlegende Fragen:

- Soll eine einzelne oder ein Verbund von mehreren Maschinen für die ausgelagerte Freispeichersammlung eingesetzt werden?

- Wie lassen sich die Daten bzw. der Inhalt aus dem verteilten Speicher für die ausgelagerte Freispeichersammlung zugänglich machen?

- Welche Informationen werden zum Auffinden nicht mehr verwendeter Speicherbereiche benötigt?

5 Bereinigung multikonsistenter, verteilter Speicherbereiche

- Wie können die erzielten Resultate zur Laufzeit in das verteilte System integriert werden?

Die Basis für einen oder mehrere dedizierte Knoten mit einer ausgelagerten, von der Leistungsfähigkeit des Clusters unabhängig ausgeführten Freispeichersammlung (einer sog. Offline Freispeichersammlung) ist u.a. die vollständige Kenntnis über alle Objekte im Speicher, ohne die sich eine umfassende Speicherbereinigung i.d.R. nicht durchführen lässt. Aus diesem Grund ist die Aktualität der gesammelten Speicherinformationen zum Zeitpunkt der Speicherbereinigung ein entscheidender Faktor, der für eine vollständige sowie korrekte Bereinigung des Speichers Voraussetzung ist, so dass sämtliche Objektmanipulationen oder neu erstellte Objekte von der Offline Freispeichersammlung berücksichtigt werden müssen. Erreichen lässt sich dies bspw. mittels eines speziellen Protokolls, welches kontinuierlich alle relevanten Informationen von den Cluster-Knoten an die Offline Freispeichersammlung überträgt, oder durch eine stetige Überwachung des gesamten Nachrichtenverkehrs im Cluster, wenn sich damit alle notwendigen Informationen erfassen lassen. Letzteres hätte gegenüber den aktiven Benachrichtigungen den großen Vorteil, dass keine zusätzliche Kommunikation auf dem Netzwerk entstehen würde.

Die Art und Weise der Implementierung bzw. der verwendete Algorithmus für die Offline Freispeichersammlung hängt primär von den ihr zur Verfügung stehenden Daten ab. Spiegeln diese den vollständigen Inhalt des verteilten Speichers wider, so lassen sich prinzipiell die gleichen Verfahren anwenden, wie sie intern im Cluster eingesetzt werden können, nur dass der Aspekt der Verteilung vernachlässigbar ist. In diesem Fall können sämtliche Objekte des verteilten Speicher durch einen einzelnen Knoten analysiert werden. Hierfür eignen sich besonders gut referenzverfolgende Algorithmen, wie bspw. ein M&S, da diese Verfahren lediglich zum Zeitpunkt der Freispeichersammlung Rechenkapazitäten benötigen und nicht bereits im laufenden Betrieb der verteilten Aktivitätsträger im System, wie dies bspw. bei referenzzählenden Verfahren der Fall ist, bei dem prinzipiell alle Knoten permanent für die Aktualität der Referenzzähler sorgen müssen. Nebenbei sind bei der Wahl eines geeigneten Algorithmus auch die Gegebenheiten der zugrunde liegenden Hardware zu berücksichtigen, auf der die Offline Freispeichersammlung ausgeführt wird. Zum Beispiel überschreitet die Kapazität des verteilten Speichers die Hauptspeicherkapazität einer einzelnen Maschine für gewöhnlich um ein Vielfaches, so dass entweder die erfassten Information nicht im vollen Umfang dem verteilten Speicherinhalt entsprechen können oder diese in geeigneter Weise zu organisieren sind, wie bspw. mit Hilfe von Festplatten und einem Auslagern der Daten. Auch die Verteilung über mehrere dedizierte Knoten, die unabhängig vom Cluster arbeiten und nur der Offline Freispeichersammlung dienen, wäre möglich, aber in Anbetracht der zusätzlich benötigten Hardware weniger sinnvoll.

Neben der gegebenen Hardware, den gesammelten Informationen und dem eingesetzten Algo-

5.7 Offline Freispeichersammlung

rithmus der Offline Freispeichersammlung sind auch deren Interaktionsmöglichkeiten mit dem verteilten System zu berücksichtigen. Resultate über tote Objekte und freizugebende Speicherbereiche sind für die Offline Freispeichersammlung selbst nicht verwertbar und müssen der Freispeicherverwaltung oder einer korrespondierenden Verwaltungseinheit im Cluster übermittelt werden. Eine Möglichkeit hierfür wären explizite Nachrichten, bspw. selektiv adressiert an ausgewählte Knoten, die für den jeweiligen Speicherbereich verantwortlich sind. Neben der expliziten Kommunikation kann der Informationsaustausch auch implizit, als Bestandteil des verteilten Systems geschehen, so dass die Offline Freispeichersammlung ihre Daten direkt und für das System transparent in den verteilten Speicher einbringt, so dass diese nicht gesondert auf der Netzwerkebene behandelt werden müssen, sondern auf einer höheren Ebene im System direkt in die Freispeicherverwaltung eingebunden werden können. Hierbei ist auch die Aktualität der erhaltenen Informationen zu berücksichtigen, da bspw. eine parallel durchgeführte Reorganisation des Speichers die eingehenden Informationen unbrauchbar machen könnte, wenn sich Objektpositionen während der Bereinigung und dem Nachrichtenaustausch verändern. Um eine fehlerhafte Freigabe zu vermeiden können Reorganisationen von der Freispeicherverwaltung entsprechend vermerkt werden und mit den Daten der Offline Freispeichersammlung koordiniert oder zum Zeitpunkt der Reorganisation verworfen werden, bis sichergestellt ist, dass die Ergebnisse der Offline Freispeichersammlung korrekt verwertbar sind und nicht zu Fehlern in der Speicherverwaltung führen.

Wie bereits erwähnt kann eine ausgelagerte Freispeichersammlung ein verteiltes System entlasten und damit dessen Leistungsfähigkeit steigern, ohne auf den Komfort und die Vorteile einer automatischen Freispeichersammlung verzichten zu müssen. Bereits der kombinierte Einsatz von interner sowie externer Freispeichersammlung kann sinnvoll sein, um die verfügbare Rechenkapazität des Systems möglichst hoch zu halten und einen Flaschenhals in Form einer Offline Freispeichersammlung zu vermeiden. Die ausschließliche Verwendung einer Offline Freispeichersammlung würde das verteilte System von dieser abhängig machen, so dass bei ihrem Ausfall kein Speicher mehr freigegeben wird und damit u.U. das System aufgrund von Speichermangel blockieren könnte. Die Kombination von gewöhnlicher und ausgelagerter Freispeichersammlung erfordert allerdings bei paralleler Verwendung ein gewisses Maß an Koordination, so dass im Fall einer Reorganisation des Speichers oder bei bereits eingesammelten Speicherbereichen Fehler in den Systemstrukturen oder der Freispeicherverwaltung, welche zu inkonsistenten Speicherinhalten oder zu einem fehlerhaften Laufzeitverhalten führen könnten, auszuschließen sind.

Im Folgenden wird eine im Rahmen dieser Arbeit entwickelte und ausgelagerte Freispeichersammlung für ein verteiltes System mit VVS am Beispiel von Rainbow OS vorgestellt, die

5 Bereinigung multikonsistenter, verteilter Speicherbereiche

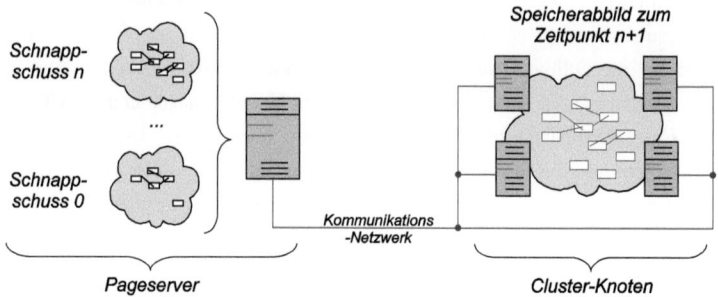

Abbildung 5.16: Pageserver speichert und verwaltet Schnappschüsse des verteilten Speichers.

parallel ausgeführt zum Cluster den Speicher bereinigen kann.

5.7.2 Pageserver

Rainbow OS bietet ein gewisses Maß an Fehlertoleranz hinsichtlich Soft- und Hardwarefehlern durch die Verwendung eines sog. Pageservers [GKWH10]. Der Pageserver ist ein dedizierter Knoten in einem Rainbow-Cluster, welcher in der Lage ist, inkrementell Schnappschüsse[24] des VVS zu erstellen und auf seinem internen Speichermedium persistent zu sichern (s. Abbildung 5.16). Mit Hilfe dieser Schnappschüsse lässt sich das System im Fehlerfall, wie bspw. beim Ausfall eines Knotens oder einer fehlerhaften Übersetzung von Programmcode zur Laufzeit, auf einen konsistenten und fehlerfreien Zustand zurücksetzen, so dass ein Neustart des gesamten Clusters vermieden werden kann und die bis zum Zeitpunkt der Sicherung geleistete Arbeit nicht wiederholt durchgeführt werden muss. Der Pageserver agiert dabei weitestgehend passiv und ist nicht in die Aktivitäten des Clusters involviert. Lediglich die Überwachung der Netzwerkkommunikation oder das gezielte Anfordern von einzelnen Daten aus dem VVS werden zur Erstellung eines konsistenten Abbildes des VVS benötigt. Letzteres lässt sich transparent für die übrigen Knoten im Cluster durchführen und nutzt das gegebene Kommunikationsprotokoll, mit dem Daten im Cluster verteilt und übertragen werden. Mit Hilfe der gesammelten und angeforderten Informationen ist der Pageserver auch in der Lage, Speicheranfragen von Cluster-Knoten zu beantworten, wenn bspw. ein Knoten heruntergefahren oder das gesamte System in Folge eines Fehlers zurückgesetzt wurde.

---

[24]engl. Checkpoint

5.7 Offline Freispeichersammlung

Die Verteilung der Daten im Cluster realisiert Rainbow OS auf der Netzwerkebene mittels einzelnen Seiten (seitenbasierter VVS), welche bei Bedarf über das Netzwerk von anderen Knoten angefordert und verschickt werden (s.a. Kapitel 1.1). Beschreiben die Transaktionen, ausgeführt auf den einzelnen Knoten, einzelne Seiten, so werden zum erfolgreichen Abschluss einer Transaktion die Adressen aller modifizierten Seiten mittels Nachricht (Write Set) allen anderen Knoten mitgeteilt, so dass diese ihre Kopien der entsprechenden Seiten verwerfen und ggf. neu anfordern (s.a. Kapitel 3.6.1). Durch den Vermerk aller eingehenden Write Sets ist der Pageserver über alle Veränderungen im VVS informiert und kann beim Erzeugen eines Schnappschusses alle modifizierten Seitendaten beim entsprechenden Eigentümer anfordern und sichern. Dabei kapselt der Pageserver die Seiten des VVS in einer geeigneten Objektstruktur und legt diese auf leistungsfähigen Festplatten ab. Die so objektorientiert gespeicherten Seiten werden entsprechend ihrer Schnappschuss-Zugehörigkeit verwaltet, so dass sich alle Informationen zu einem beliebigen Schnappschuss auffinden und analysieren lassen. Dabei bleibt der eigentliche Inhalt der Seitendaten stets ohne Interpretation vom Pageserver, so dass diese auch leicht in komprimierter Form auf Festplatte gespeichert und verwaltet werden können, um Speicherplatz einzusparen. Wird nun eine bestimmte Seite zu einer gegebenen Adresse beim Pageserver angefordert, so durchsucht dieser seine Schnappschüsse und die dazugehörigen Meta-Informationen, bis die aktuellste oder gewünschte Version der gesuchten Seite gefunden wurde und ggf. in dekomprimierter Form geliefert werden kann. Auf diese Weise lässt sich der gesamte Inhalt zu einem gegebenen Zeitpunkt auslesen, wenn hierfür ein entsprechender Schnappschuss vom Pageserver erstellt wurde.

5.7.3 Freispeichersammlung mittels Schnappschussauswertung

Das Auslagern der Freispeichersammlung aus dem eigentlichen Cluster auf einen separaten Knoten kann mehrere Vorteile haben. Das wichtigste Argument für solch eine Auslagerung ist die insgesamt begrenzte und womöglich knappe Rechenkapazität des Clusters bzw. die seiner Knoten. Ein System mit automatischer Freispeichersammlung muss immer ein Teil seiner Ressourcen für das Auffinden von nicht mehr verwendeten Speicherbereichen bereitstellen, wozu neben diversen Verwaltungsstrukturen auch Rechenkapazität gehören. Je nach Implementierung belastet die Ausführung der Freispeichersammlung einen oder mehrere Knoten im Cluster, wodurch ihre verfügbare Rechenkapazität nicht mehr in vollem Umfang ihren Aktivitäten zur Verfügung steht. Mit Hilfe der Offline Freispeichersammlung, ausgeführt auf einer separaten Maschine, lässt sich dies vermeiden und die arbeitenden Knoten im Cluster entlasten. In Rainbow OS bietet sich für den Einsatz einer Offline Freispeichersammlung der oben vorgestellte

5 Bereinigung multikonsistenter, verteilter Speicherbereiche

Pageserver an, der aus Gründen der Fehlertoleranz periodisch Schnappschüsse vom VVS erzeugt und verwaltet. Ein Schnappschuss ist hierbei eine Momentaufnahme des VVS und entspricht damit nicht zwangsläufig dem aktuellen Inhalt des Speichers, der sich ständig im Wandel befindet. Folglich verwaltet der Pageserver lediglich den Speicherinhalt von vergangenen Zuständen und besitzt u.U. keine genauen Kenntnisse über jüngere Veränderungen im Speicher. Im Zusammenhang mit der Speicherbereinigung durch den Pageserver bedeutet dies, dass lediglich die Objektstrukturen betrachtet werden können, die zum Zeitpunkt des Schnappschuss bereits existierten (s. Abbildung 5.17). Später allozierte Objekte sind dem Pageserver unbekannt und nicht Bestandteil seiner Datenstrukturen, weshalb sich jüngere Objekte, die nicht vom Pageserver erfasst wurden, auch nicht einsammeln lassen, selbst wenn dies sinnvoll wäre. Die Offline Freispeichersammlung in Rainbow OS wird damit aus Sicht des Systems zeitversetzt ausgeführt, in Abhängigkeit zu den erstellten Schnappschüssen des Pageservers. Unter der Annahme, dass die Zeitabstände für die Generierung der Schnappschüsse vom Pageserver so gewählt sind, dass im Fall eines Fehlers möglichst wenig Arbeit im Cluster verloren geht, ist davon auszugehen, dass zwischen Schnappschuss und dem aktuellen Zeitpunkt die Anzahl neu allozierter Objekte, die bereits eingesammelt werden könnten, gering sein wird. Ein solcher Zeitversatz ist also durchaus vernachlässigbar, wenn der Pageserver seine Schnappschüsse dem Laufzeitverhalten des Clusters angepasst erstellt. Dem Pageserver ist es dabei prinzipiell möglich, Schnappschüsse im Sekundentakt zu erstellen, wenn dies die Situation erfordert. Ungeachtet von der Aktualität des Schnappschusses gilt für die Offline Freispeichersammlung stets: Tote Objekte in der Vergangenheit sind es auch aktuell, wenn sie nicht bereits anderweitig eingesammelt wurden. Lediglich deren Anzahl kann aktuell größer sein als zum Zeitpunkt des Schnappschusses, was allerdings für die Ausführung der Offline Freispeichersammlung unerheblich ist, weil sie einen gegebenen Schnappschuss (i.d.R. den aktuellsten) nach nicht mehr referenzierten Objekten durchsucht und sich diese merkt. Eine einfache Verwaltungsstruktur ist dabei vollkommen ausreichend, da alle gefundenen Objekte ohne eine besondere Ordnung vermerkt werden können und später komplett, ohne besonderes Zugriffsmuster ausgelesen und der Speicherverwaltung im Cluster mitgeteilt werden.

Als Algorithmus für das Auffinden von nicht mehr referenzierten Objekten mittels einem Schnappschuss eigenen sich unterschiedliche Verfahren. Lediglich der Zugriff auf die gesicherten Daten des VVS erfordert die Verwendung einer vom Pageserver angebotenen Schnittstelle, welche für eine beliebige Adresse aus dem VVS interne Verwaltungsstrukturen durchläuft und so die gesuchte Seite aus dem Schnappschuss liefert. Aufbauend auf diesen Daten lassen sich prinzipiell alle Algorithmen verwenden, wie sie auch im Cluster eingesetzt werden können, da sämtliche Objektstrukturen vorliegen. Lediglich Referenzänderungen zur Laufzeit lassen sich

5.7 Offline Freispeichersammlung

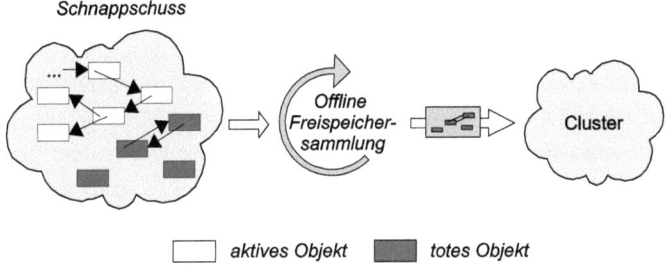

Abbildung 5.17: Die Offline Freispeichersammlung sucht nicht mehr referenzierte Objekte mit Hilfe eines Schnappschuss und stellt ihre Ergebnisse dem Cluster bereit.

nicht rückwirkend von der Offline Freispeichersammlung rekonstruieren, so dass diese bei Bedarf weiterhin im Cluster registriert und verwaltet werden müssten, um später von der Offline Freispeichersammlung ausgewertet werden zu können, wenn ihr Algorithmus solche Informationen benötigen würde. Daraus ergäbe sich allerdings eine Abhängigkeit zwischen Cluster und Offline Freispeichersammlung, welche in dieser Form nicht vollkommen unabhängig zum Cluster ausgeführt werden könnte und weiterhin einen Teil seiner Ressourcen erfordern würde. Aus diesem Grund eignen sich solche Verfahren nur für eine kombinierte Ausführung von ausgelagerter sowie interner Freispeichersammlung. Referenzzähler, Backpacks und Relaxed Backpacks wären Beispiele für eine mögliche Kombination zwischen der Laufzeitumgebung im Cluster und der Offline Freispeichersammlung, bei denen die notwendigen Informationen zum Auffinden toter Objekte bereits zur Laufzeit im System erzeugt und verwaltet werden, so dass diese einerseits dort für die Freispeichersammlung von Nutzen sein können und andererseits auch in einen Schnappschuss einfließen und damit für die Offline Freispeichersammlung zugänglich sind. Im Gegensatz zu diesen Verfahren lassen sich referenzverfolgende Verfahren wie der M&S oder das Copying ohne die Unterstützung des Clusters auf dem Pageserver durchführen, wobei das Copying grundsätzlich realisierbar wäre, aber für eine Offline Freispeicherverwaltung eher ungeeignet ist, weil diese den verteilten Speicher nicht reorganisiert, sondern lediglich nicht mehr benötigte Objekte identifizieren und dem Cluster mitteilen soll. Weiterhin wäre im Fall von Rainbow OS auch eine inverse Referenzverfolgung, in Form der typbasierten Referenzverfolgung, als Algorithmus für die Offline Freispeichersammlung umsetzbar, weil diese mit den gegebenen Daten durchführbar ist und sich alle notwendigen Informationen aus einem Schnappschuss ermitteln lassen. Die Wahl eines geeigneten Algorithmus für die Offline Freispeichersammlung orientiert sich also in erster Linie an den gesicherten Datenstrukturen des Pageservers und nicht an der jeweils zu erzielenden Performanz.

5 Bereinigung multikonsistenter, verteilter Speicherbereiche

Die primäre Aufgabe des Pageservers ist das Erstellen und Verwalten von Schnappschüssen, für die meist in regelmäßigen Abständen modifizierte Seiten aus dem Cluster angefordert und abgespeichert werden, wodurch sich je nach Umfang der Daten auch unterschiedlich hohe Belastungen für das Netzwerk ergeben und deshalb die Dauer für die Generierung eines Schnappschuss nur schwer abschätzbar ist. Andererseits lassen sich solche Wartezeiten, verursacht durch die Übertragungszeiten im Netzwerk, auch aktiv für die Bearbeitung anderer Aufgaben nutzen, wie bspw. die Durchführung einer Freispeichersammlung. Nebenbei stehen dem Pageserver ausreichend Ressourcen für eine Offline Freispeichersammlung zur Verfügung, weil sich seine Aufgaben im Wesentlichen auf das Sammeln und Verwalten von Daten beschränken. Aus diesem Grund und der gegebenen Lokalität aller notwendigen Daten ist ein M&S für die Implementierung der Offline Freispeichersammlung im Pageserver vollkommen ausreichend, um mit einem Schnappschuss nicht mehr referenzierte Objekte bestimmen zu können und dabei auch zyklische Strukturen zu eliminieren. Seine inkrementelle Ausführung, welche aufgrund der konsistenten Vollständigkeit eines abgeschlossenen Schnappschusses leicht realisierbar ist, verhindert zudem eine längere Instrumentalisierung der Ressourcen des Pageservers.

Aufgrund der beschränkten Festplattenkapazitäten ist der Pageserver gezwungen, seine gespeicherten Informationen bei Bedarf zu reorganisieren, wodurch auch einzelne Schnappschüsse verworfen werden können, um anschließend den entsprechenden Festplattenplatz wiederzuverwenden. Wird in so einem Fall der gerade durch die Offline Freispeichersammlung betrachtete Schnappschuss gelöscht, muss diese als Folge abgebrochen und zurückgesetzt werden, um anschließend mit dem jüngsten Schnappschuss ihre Arbeit fortzusetzen. Ein verzögertes Löschen, erzwungen durch die Ausführung der Offline Freispeichersammlung, ist hierbei nicht empfehlenswert, da der Pageserver womöglich aufgrund von Speichermangel zur Reorganisation gezwungen ist und deren Verzögerung einer Blockade gleich käme.

Im Anschluss an die Ausführung der Offline Freispeichersammlung müssen die gesammelten Informationen der Freispeicherverwaltung im Cluster zugänglich gemacht werden, damit dort entsprechender Speicherplatz freigegeben werden kann. Dem Paradigma eines VVS entsprechend ist hierbei ein expliziter Nachrichtenaustausch zwischen Pageserver und einzelnen Knoten im Cluster zu vermeiden und eine für die Knoten transparente Art und Weise der Benachrichtigung zu wählen. Diese ergibt unter den gegebenen Voraussetzungen nur durch eine aktive Teilnahme des Pageservers am Cluster, so dass auch der Pageserver Daten in den Speicher schreiben und die korrespondierende Freispeicherverwaltung im Clusters diese anschließend auslesen kann.

Jedoch ist es nicht die Aufgabe und im Sinne des Pageservers Seitendaten im VVS parallel und unabhängig zur transaktionalen Ausführung zu beschreiben und damit u.U. aktiv auf den

5.7 Offline Freispeichersammlung

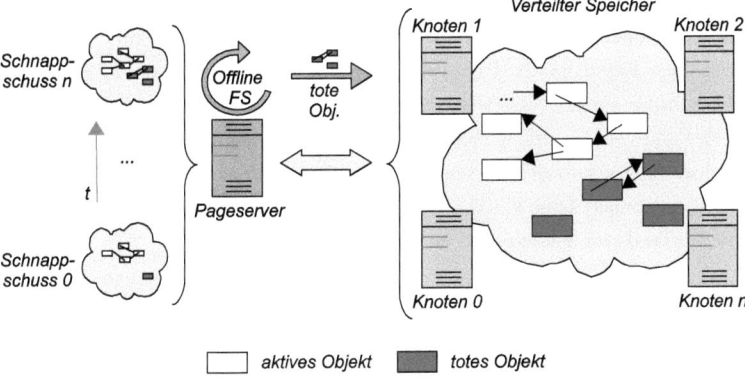

Abbildung 5.18: Offline Freispeichersammlung analysiert in regelmäßigen Abständen einen Schnappschuss und übermittelt die Resultate dem Cluster.

Speicher des Clusters sowie die später generierten Schnappschüsse Einfluss zu nehmen. Um dies und eine explizite Kommunikation mit den Cluster-Knoten zu vermeiden, lässt sich in Rainbow OS die Eigenschaft der Multikonsistenz ausnutzen, um die Ergebnisse der Offline Freispeichersammlung im verteilten Speicher abzulegen ohne dabei einen transaktional konsistenten Teil des Speichers zu beschreiben. Infolgedessen schreibt der Pageserver die Ergebnisse seiner Offline Freispeichersammlung in eine spezielle Speicherregion, deren Konsistenzmodell lediglich einen Schreiber, aber beliebig viele Leser zulässt. Bei dieser Art der Konsistenz darf lediglich der Pageserver diesen Speicherbereich beschreiben und alle Cluster-Knoten dürfen ausschließlich lesend auf diese Daten zugreifen, was im Zusammenhang mit der unidirektionalen Kommunikation zwischen Offline Freispeichersammlung und Cluster vollkommen ausreichend ist. Auf diese Weise lassen sich die Adressen von nicht mehr referenzierten Objekten von allen Knoten lesen, ohne dass das vorhandene Kommunikationsmodell erweitert werden muss oder eine spezielle Synchronisierung notwendig wird.

Die Offline Freispeichersammlung dient in Rainbow OS als Ergänzung und soll die Speicherverwaltung sowie Freispeichersammlung des Clusters nach Möglichkeit entlasten. Im Idealfall bedeutet dies, dass die Offline Freispeichersammlung ausreichend schnell entsprechende Resultate liefern kann, um die interne Freispeichersammlung des Clusters gar nicht oder nur sehr selten ausführen zu müssen. Anderseits ist der Pageserver kein essentieller Bestandteil des Clusters, weshalb dieser sich nicht ausschließlich auf die Offline Freispeichersammlung verlassen sollte. Folglich müssen Freispeicherverwaltung und -sammlung des Clusters mit der Offline

5 Bereinigung multikonsistenter, verteilter Speicherbereiche

Freispeichersammlung koordiniert werden, was insbesondere dann erforderlich ist, wenn zum Ausführungszeitpunkt der Offline Freispeichersammlung der Speicher vom Cluster reorganisiert wurde und infolgedessen die vom Pageserver übermittelten Informationen zu Fehlern führen können, weil nun bspw. ein aktives Objekt denselben Speicherplatz belegt wie zuvor ein nicht mehr referenziertes und von der Offline Freispeichersammlung erkanntes Objekt. Solche Änderungen, wie die Relozierung von Objekten, sind deshalb von der Speicherverwaltung entsprechend zu berücksichtigen, so dass keine aktiven Objekte fälschlicherweise freigegeben werden und damit fehlerhafte Zustände im System verursacht werden.

5.8 Zusammenfassung

Eine automatisch durchgeführte Freispeichersammlung ist heutzutage ein wesentlicher Bestandteil vieler moderner Laufzeitumgebungen und Systeme, um so ihre Benutzer von der fehleranfälligen und u.U. mühseligen Bereinigung nicht mehr benötigter Speicherbereiche (Objekte) zu entbinden. Motiviert durch diese Vorteile werden verschiedene Verfahren der Freispeichersammlung vorgestellt und im Zusammenhang mit den Gegebenheiten und Anforderungen in einem verteilten Speicher diskutiert. Hierbei werden sowohl für einfache Referenzzähler als auch für Verfahren, deren Grundlage die Referenzverfolgung ist, die jeweiligen Auswirkungen auf die Laufzeitumgebung und ihre Aktivitätsträger erörtert.

Ein weiterer Kernpunkt dieses Kapitels sind invers arbeitende Verfahren der Freispeichersammlung, die mit Hilfe zusätzlicher Informationen referenzierende Objekte direkt ermitteln und so eine gezielte Statusbestimmung für ein beliebiges Objekt ermöglichen, ohne dass hierbei der gesamte Speicher untersucht werden muss, was insbesondere im Zusammenhang mit einem großen VVS vorteilhaft sein kann. Zusätzlich bieten diese Verfahren durch ihre inverse Arbeitsweise eine gute Ausgangsbasis für eine Neuorganisation des Speichers, wenn diese sinnvoll ist, weil sich referenzierende Objekte leicht ermitteln und bei Bedarf auch anpassen lassen. Aufbauend auf der Betrachtung unterschiedlicher Ansätze werden Möglichkeiten diskutiert, wie sich die Vorteile einer inversen Referenzverfolgung mit einer Abschwächung der zur Laufzeit protokollierten Informationen kombinieren lassen, um so die Ausführungszeiten der Aktivitätsträger möglichst wenig mit den Interessen der Freispeichersammlung zu belasten. Hierbei wurden die sog. Relaxed Backpacks (RB) entwickelt, die im Gegensatz zu bekannten Verfahren auf eine Protokollierung von Referenzänderungen verzichten und mit Hilfe der Symbol-Informationen (SI), welche vom Compiler erzeugt und in das System integriert werden, lediglich die Erzeugung neuer Objekte protokollieren. Darüber hinaus wurde ein Verfahren (Typebased Reference

5.8 Zusammenfassung

	Zyklenerkennung	Selektive Betrachtung	Synergieeffekte mit Speicherorganisation	Überwachung von Referenzzuweisungen	Überwachung von Neuallozierungen	Metainformationen erforderlich	Lastverschiebung in Freispeichersammlung	Lastverschiebung aus Cluster
Referenzzähler	-	✓	-	✓	-	-	-	-
Mark & Sweep[25]	✓	-	-	-/✓	-	-	✓	-
Copying[25]	✓	-	✓	-/✓	-	-	✓	-
Generations-Verfahren[25]	✓	-	-	-/✓	-	-	✓	-
Backchains	✓	✓	✓	✓	-	-	-	-
Backpacks	✓	✓	✓	✓	-	-	-	-
Relaxed Backpacks	✓	✓	✓	-	✓	✓	✓	-
Typebased Reference Tracking	✓	✓	✓	-	-	✓	✓	-
Offline Freispeichersammlung	✓	-	-	-	-	-	✓	✓

Tabelle 5.1: Zusammenfassung ausgewählter Eigenschaften der in diesem Kapitel diskutierten Verfahren zur Speicherbereinigung.

Tracking (TRT)) entwickelt, welches auf jegliche Form der Protokollierung verzichten kann und lediglich zu einem erhöhten Aufwand zum Zeitpunkt der Freispeichersammlung führen kann.

Motiviert durch den Einsatz eines Pageservers, welcher aus Gründen der Persistenz Schnappschüsse des gesamten VVS erstellen und verwalten kann, werden die Möglichkeiten einer ausgelagerten und parallel zum Cluster ausgeführten Freispeichersammlung betrachtet. Dabei werden neben den Anforderungen auch unterschiedliche Aspekte für eine Umsetzung diskutiert, um so ggf. auf eine im Cluster durchgeführte Speicherbereinigung verzichten zu können und damit eine entsprechende Leistungssteigerung zu ermöglichen. Aufbauend auf den hierbei erörterten Grundlagen wird eine Offline Freispeichersammlung entwickelt, welche vollständig nebenläufig zum Cluster ausgeführt werden kann und keinerlei Rechenkapazitäten der arbeitenden Knoten und ihrer Aktivitätsträger für sich beansprucht.

---

[25]Während der inkrementellen Bereinigung sind Referenzänderungen nebenläufig ausgeführter Aktivitätsträger zu berücksichtigen, um fehlerhafte Freigaben zu vermeiden.

5 Bereinigung multikonsistenter, verteilter Speicherbereiche

6 Messungen und Bewertung

Die in diesem Kapitel vorgestellten Messungen sollen einerseits die Effizienz der neu vorgestellten Verfahren zur Freispeicherverwaltung sowie -sammlung im Clusterbetrieb belegen und andererseits auch ihre Bewertung hinsichtlich verschiedener Randbedingungen untermauern. Die hierbei entwickelten und durchgeführten Testszenarien können u.U. schwankende Resultate liefern, die sich u.a. durch eine variierende Cachebelegung erklären lassen oder durch andere Einflüsse verursacht werden können, die bei Bedarf zusammen mit den entsprechenden Messwerten näher erläutert werden.

6.1 Hardware

Grundlage für die durchgeführten Messungen ist ein Cluster, welcher aus mehreren baugleichen Rechnern besteht, die jeweils mit einer Intel E1000 Netzwerkkarte sowie einer 1000 MBit/s Fast Ethernet Verkabelung und einem Gigabit Switch der Firma Netgear (GS 108T) miteinander verbunden sind. Die einzelnen Computer sind jeweils mit einer CPU vom Typ AMD Athlon 64 X2 4200+ ausgestattet, deren spezifische Taktrate 2200 MHz beträgt. Ihr L1 Cache umfasst 64 KB, wohingegen ihr L2 Cache 512 KB groß ist und in jedem Rechner 1 GB RAM verbaut sind, der mit 200 MHz (DDR1) getaktet wird.

Abweichend von dieser Konfiguration ist der Pageserver mit einem Intel Core2 Prozessor ausgestattet, welcher sich durch eine Taktrate von 3000 MHz und einem 64 KB großen L1 sowie einen 6144 KB großen L2 Cache auszeichnet. Im Gegensatz zu den übrigen Cluster-Knoten ist der Pageserver mit einer modernen SSD Festplatte ausgestattet [GKWH10] und besitzt einen 8 GB großen RAM, welcher mit 400 MHz (DDR2) getaktet wird.

6 Messungen und Bewertung

6.2 Speicherallozierung

Zur Bestimmung der Leistungsfähigkeit der in Kapitel 4.2 vorgestellten Objektallozierung wurde die durchschnittliche Ausführungsgeschwindigkeit in Abhängigkeit unterschiedlicher Objektgrößen ermittelt, welche sich hierbei jeweils zu gleichgroßen Teilen aus Deskriptor und indirekten Skalaren zusammensetzen. Demzufolge ist bei den in Abbildung 6.1 vorgestellten Ergebnissen zu berücksichtigen, dass für jede durchgeführte Objektallozierung Speicherplatz in zwei unterschiedlichen Speicherbereichen angefordert wurde und sich damit sowohl der direkte als auch der indirekte Teil des verwendeten Allokators um jeweils die Hälfte der angegebenen Objektgröße reduzierte. Abbildung 6.1 zeigt die durchschnittlich benötigte Zeit für die Allozierung von neuen Objekten in unterschiedlicher Größe, ermittelt durch eine fortlaufende Erzeugung von tausend Objekten in der jeweiligen Größe.

Im Idealfall lassen sich einzelne Objekte, unabhängig von ihrer Größe, innerhalb von nur 90 Nanosekunden allozieren, wenn hierbei keine physikalischen Kacheln zugeordnet werden müssen (s.a. Kapitel 4), keine Schattenkopien zu erstellen sind und sich die verwendeten Verwaltungsstrukturen sowie der auszuführende Code bereits im Cache befinden. Allerdings können diese Faktoren auch einen erheblichen Mehraufwand während der Allozierung verursachen, wenn dabei bspw. physikalische Kacheln ermittelt und ihr Inhalt gelöscht werden muss, um sie an-

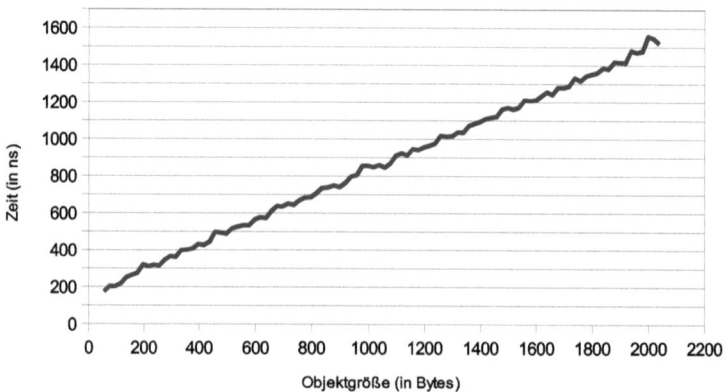

Abbildung 6.1: Durchschnittlich benötigte Zeit zur Objektallozierung, in Abhängigkeit zu unterschiedlichen Objektgrößen, welche sich jeweils zur Hälfte aus Deskriptor und indirekt gespeicherten Skalaren zusammensetzen.

6.2 Speicherallozierung

Operation	Minimale Laufzeit (in ns)	Durchschnittliche Laufzeit (in ns)	Maximale Laufzeit (in ns)
Unbenutzte Kachel ermitteln	140	160	620
Inhalt einer Kachel löschen	978	1014	1602
Leere Kachel anfordern	1129	1166	1669
Seitentabelleneintrag schreiben	82	132	204
TLB-Eintrag löschen	50	58	350
Schattenkopie erstellen	3515	3920	5492

Tabelle 6.1: Ausführungszeiten diverser Speicherverwaltungsfunktionen, ermittelt während den Testszenarien und Messungen aus Abbildung 6.1.

schließend durch entsprechende Modifikationen innerhalb der Seitentabellen logischen Adressen zuzuordnen. Letzteres erfordert u. U. nicht nur eine Aktualisierung einer einzelnen Seitentabelle und eine Invalidierung der betroffenen TLB-Einträge, sondern ggf. auch eine Erweiterung der Seitentabellen, weil diese aufgrund des 64 Bit großen Adressraums erst bei Bedarf aufgebaut werden, um so nicht bereits im Voraus unnötig Speicherplatz zu verschwenden. Infolgedessen erhöht sich die mittlere Allozierungszeit aus Abbildung 6.1 mit zunehmender Objektgröße, weil erwähnte Faktoren, deren Ausführungszeiten im Detail in Tabelle 6.1 aufgeführt sind, häufiger mit in den ermittelten Durchschnittswert einfließen.

Aufgrund der ständigen Veränderungen innerhalb eines Allokators, verursacht durch die Aktualisierung seiner Verwaltungsinformationen bei jeder Objektallozierung, wurde für das oben beschriebene Testszenario ein dem Knoten exklusiv zugeordneter Allokator verwendet (s.a. Kapitel 4.2.3.1). Auf diese Weise können nebenläufige Zugriffe mit Aktivitäten der übrigen Knoten und damit mögliche Auswirkungen auf die Messwerte ausgeschlossen werden, um so die Leistungsfähigkeit der implementierten Algorithmen korrekt bewerten zu können.

Neben der Allozierung von neuen Objekten bietet die implementierte Speicherverwaltung auch die Möglichkeit, neue und bei Bedarf auch individuelle Allokatoren zu erstellen, um so bspw. exklusiv genutzte Speicherbereiche zu erhalten oder Objekte mit entsprechenden Konsistenzeigenschaften allozieren zu können. Die Erstellung eines neuen Allokators erfordert, unabhängig von seiner Größe, einen relativ konstanten Zeitaufwand (s. Abbildung 6.2), weil der hierfür benötigte Funktionsumfang in den meisten Fällen gleichbleibend ist. Dazu gehört nicht nur die Allozierung von logischem Adressraum innerhalb der betroffenen Konsistenzregionen, sondern auch eine Alignierung auf Seitengrenzen, sowohl im direkten als auch im indirekten Teil. Um

6 Messungen und Bewertung

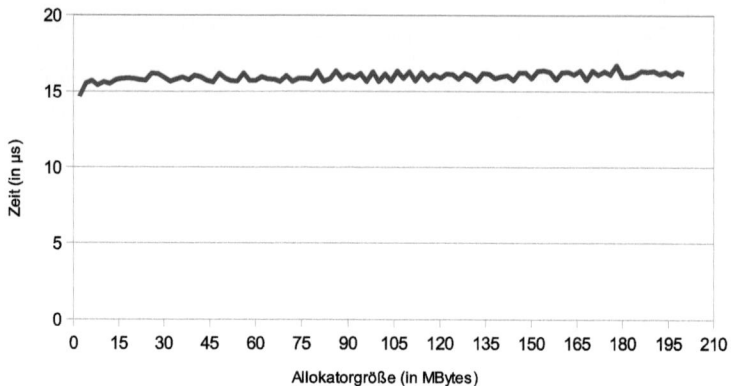

Abbildung 6.2: Durchschnittlich benötigte Zeit zur Erzeugung eines neuen Allokators, in Abhängigkeit zu unterschiedlichen Allokatorgrößen, welche sich jeweils zur Hälfte aus Deskriptor und indirekt gespeicherten Teil zusammensetzen.

dabei mögliche Speicherlücken zwischen dem zuletzt allozierten Objekt und den neu erzeugten Allokator zu vermeiden, sind solche Lücken mit einem zusätzlichen Objekt aufzufüllen oder, wenn dies nicht möglich ist, das angrenzende Objekt entsprechend zu vergrößern, so dass stets eine lineare sowie durchgängige Belegung des Speichers gewährleistet ist. Hierbei werden nicht nur Schattenkopien für die entsprechenden Seitendaten erstellt, sondern zusätzlich auch freie Kacheln angefordert und dem logischen Adressbereich zugeordnet, in dem sich die Verwaltungsinformationen des neuen Allokators befinden. Entsprechende Ausführungszeiten, die zusammen mit den Testszenarien und durchgeführten Messungen aus Abbildung 6.2 ermittelt wurden, sind sowohl in Tabelle 6.1 als auch in Tabelle 6.2 detailliert aufgeschlüsselt.

Operation	Minimale Laufzeit (in μs)	Durchschnittliche Laufzeit (in μs)	Maximale Laufzeit (in μs)
Alignierung auf Seitengrenze	3,2	5,2	25,1
Allokatorobjekt erzeugen	3,4	7,2	14,1

Tabelle 6.2: Funktionen der Speicherverwaltung, aus denen sich die insgesamt benötigte Zeit für die Erzeugung eines neuen Allokators ergibt (s.a. Abbildung 6.2).

6.3 Freispeichersammlung

Wie die Messergebnisse zeigen, lassen sich mit der im Rahmen dieser Arbeit entwickelten und implementierten Speichervergabe sowohl neue Objekte als auch zusätzliche Allokatoren in kürzester Zeit allozieren, so dass trotz gelegentlicher Aktualisierung der Seitentabellen und dem Anfordern einer leeren Kachel, Anwendungen meist in kürzester Zeit eigene Allokatoren oder Speicher in unterschiedlichen Konsistenzregionen für ihre Objekte zugewiesen bekommen.

6.3 Freispeichersammlung

Die im Rahmen dieser Arbeit entwickelten Verfahren zur Freispeichersammlung sollen angesichts eines 64 Bit großen Adressraums eine selektive Bereinigung des Speichers auf Basis einer inversen Referenzverfolgung erleichtern, und zudem auf eine Protokollierung von Referenzänderungen verzichten, um so die Aktivitätsträger im System bei Referenzänderung nicht mit einer Buchhaltung im Interesse der Freispeichersammlung zu belasten. Im Gegensatz zu referenzverfolgenden Verfahren, wie bspw. der Mark & Sweep (M&S), erweist sich die Beurteilung der neu entwickelten Verfahren nicht ganz so einfach, weil deren Leistungsfähigkeit nicht alleine durch die Anzahl der Objekte im Speicher bestimmt wird, sondern auch von deren Strukturen sowie Abhängigkeiten untereinander, die sowohl bei der Verwendung der Relaxed Backpacks (RB) als auch beim Typebased Reference Tracking (TRT) maßgeblichen Einfluss auf die Ausführungsgeschwindigkeit haben können. Im Idealfall lässt sich die gesamte Speicherbereinigung auslagern, so dass die gesamte Rechenkapazität der einzelnen Knoten im Cluster für ihre Aktivitäten genutzt werden kann und ein dedizierter Knoten mit Hilfe einer Offline Freispeichersammlung nicht benötigten Speicherplatz bei Bedarf ermittelt und der Speicherverwaltung im Cluster mitteilt. Um die entwickelten Verfahren hinsichtlich ihrer Einsatzmöglichkeiten bewerten und den benötigten Aufwand abschätzen zu können, werden in den folgenden Abschnitten sowohl Ausführungsgeschwindigkeiten sowie mögliche Einflussgrößen aufgeschlüsselt und anschließend diskutiert. Aufgrund der inversen Referenzverfolgung gestaltet sich die Vorgehensweise zur Relozierung einzelner Objekte vergleichbar zu der ihrer Statusbestimmung, mit dem Unterschied, dass die entsprechenden Referenzen in referenzierenden Objekten anzupassen sind, was aber hinsichtlich der hierfür zusätzlich benötigten Zeit zu vernachlässigen ist, weshalb im Folgenden auf eine differenzierte Betrachtung verzichtet wird.

6 Messungen und Bewertung

Operation	Minimale Laufzeit (in ns)	Durchschnittliche Laufzeit (in ns)	Maximale Laufzeit (in ns)
Packagestruktur analysieren	28	29	80
Einzelne Klasse analysieren	30	30	100
Einzelnes Feld analysieren	231	236	360

Tabelle 6.3: Ausführungszeiten für die Analyse verschiedener Elemente innerhalb der Symbolinformationen.

6.3.1 Auswertung der Symbolinformationen

Sowohl die RBs als auch das TRT stützen sich auf die Symbol-Informationen (SI) des Systems (s.a. Kapitel 5.5), welche Aufschluss über sämtliche Objektstrukturen und deren Abhängigkeiten untereinander geben. Wie schnell diese ausgewertet werden können, hängt im Einzelfall von den jeweiligen Objektstrukturen ab und wie sich diese im Detail gestalten, weil bspw. Vererbungshierarchien den Aufwand erhöhen. In solch einem Fall müssen nicht nur die direkt referenzierenden Typen ermittelt werden, sondern auch die ihrer Vorfahren. Des Weiteren beeinflusst auch die Menge aller Typen im System den benötigten Aufwand, weil bei wenigen Typen auch die Menge der SI, welche auszuwerten ist, kleiner ist, als dies bei einer Vielzahl unterschiedlicher Typen der Fall ist. Aber nicht nur die Gesamtzahl der verwendeten Typen bestimmt den Aufwand, sondern auch die Menge ihrer Felder, weil für all diese jeweils ihr Typ geprüft und im Fall einer Referenz diese noch mit dem gesuchten verglichen werden muss. Aus diesem Grund kann es sinnvoll sein, die für die RBs und das TRT benötigten Informationen bereits beim Systemstart oder direkt nach einer möglichen Neuübersetzung zu erfassen, damit diese bei Bedarf bereits vorliegen und nicht zu Verzögerungen während der Laufzeit führen.

Um den zeitlichen Aufwand für die Auswertung der SI abschätzen zu können, wurden unterschiedliche Testszenarien durchgeführt, bei denen sowohl die Menge der analysierten Verzeichnisse (sog. Packages), als auch die Anzahl der darin enthaltenen Klassen und die Menge ihrer jeweiligen Felder variierten. Auf diese Weise konnte nicht nur der Zeitaufwand für die Überprüfung einer einzelnen Variable untersucht werden, sondern auch der für die Traversierung von einzelnen Klassen und Packages. Die hierbei erzielten Resultate werden in Tabelle 6.3 aufgeführt, wobei sich der ermittelte Gesamtaufwand aus Tabelle 6.4 durch wiederholt durchgeführte Messungen für die Auswertung der gesamten SI ergibt, die in Rainbow OS zum Zeitpunkt der Messungen insgesamt 51 Packages und 451 Klassen mit insgesamt 4400 Feldern repräsentierten.

6.3 Freispeichersammlung

Operation	Minimale Laufzeit (in μs)	Durchschnittliche Laufzeit (in μs)	Maximale Laufzeit (in μs)
Vollständige Traversierung der SI	975	978	1094

Tabelle 6.4: Auswertung der gesamten Symbolinformationen für einen beliebigen Typ, für den insgesamt 51 Packages, 451 Klassen und 4400 Felder überprüft werden.

6.3.2 Relaxed Backpacks

Das Ziel der neu entwickelten inversen Referenzverfolgung mit Hilfe von RBs ist es, auf eine Protokollierung sämtlicher Referenzänderungen verzichten zu können und so die Buchführung für die inverse Referenzverfolgung lediglich auf die Erzeugung neuer Objekte zu beschränken. Demzufolge muss für die Bewertung dieses Verfahrens auch die Protokollierung von Referenzänderungen berücksichtigt werden, um diese anschließend mit dem Mehraufwand, der durch die Verwendung von RBs bei der Erzeugung neuer Objekte entsteht, vergleichen zu können. Im Gegensatz zu Rerferenzzuweisungen, wie sie für gewöhnlich durch den Compiler durchgeführt werden, ruft dieser bei einer Protokollierung von Referenzänderungen für jede Zuweisung eine entsprechende Laufzeitroutine, in der nicht nur die jeweilige Zuweisung durchzuführen ist, sondern auch eine Buchhaltung, wie bspw. in Form von Backpacks, stattfinden kann. Um den hierbei entstehenden Aufwand zu bestimmen wurden unterschiedliche Testszenarien, mit variierender Anzahl an Referenzzuweisungen und entsprechender Protokollierung, wiederholt durchgeführt und dabei sowohl der Zeitaufwand für die Zuweisung als auch die Zeit für eine einfache, zusätzlich durchgeführte Buchhaltung in Form von Backpacks ermittelt. Die hierbei ermittelten Resultate sind in Tabelle 6.5 detailliert aufgeführt, wobei die Verwaltung der Backpacks lediglich als Vergleich dient und die Realisierung entsprechend minimal gehalten wurde, so dass der ermittelte Verwaltungsaufwand als untere Schranke angesehen werden kann, weil u.U. einige Spezialfälle, wie bspw. die Erzeugung des zu einem Backpack korrespondierenden Backlink oder eine Duplikatsprüfung, unberücksichtigt blieben.

Der Mehraufwand, der bei der Erzeugung neuer Objekte durch die Verwendung von RBs entsteht, wird im Wesentlichen durch die Menge der potentiellen Backlinks bestimmt, die in den jeweiligen RB eingetragen werden. Diese wiederum werden durch die jeweilige Zielmenge (s.a. Kapitel 5.5.1), die bereits vorab mit Hilfe der SI erstellt werden konnte, vorgegeben. Je mehr Elemente diese enthält, desto mehr potentielle Backlinks sind bei der Allozierung zu vermerken und desto mehr Zeit wird dabei zusätzlich benötigt.

6 Messungen und Bewertung

Operation	Minimale Laufzeit (in ns)	Durchschnittliche Laufzeit (in ns)	Maximale Laufzeit (in ns)
Zuweisung durch Compiler	3,4	3,9	9,8
Zuweisung durch Laufzeitroutine	20,9	22,7	48,1
Buchführung durch Backpacks	80	206	5600

Tabelle 6.5: Ausführungszeiten verschiedener Funktionen für die Protokollierung von Referenzänderungen.

Unabhängig von der Ausführungsgeschwindigkeit der Speicherbereinigung selbst ergibt sich der Vorteil der RBs durch den Verzicht auf das Abfangen von Referenzänderungen, so dass für eine Bewertung dieses Verfahrens der Mehraufwand, welcher bei der Objekterzeugung durch die Verwaltung der RBs entsteht, mit dem der Protokollierung von Referenzänderungen verglichen werden muss. Infolgedessen ist zu erwarten, dass sich die RBs in einem System von Vorteil erweisen, bei denen Referenzänderung sehr häufig und in sehr kurzen Zeitabständen vollzogen werden und neue Objekte im Verhältnis dazu eher selten erzeugt werden[26]. Andererseits kann dieser Nutzen deutlich geringer ausfallen, wenn Referenzänderungen weniger häufig stattfinden und stattdessen viele Objekte erzeugt werden, die entsprechenden Mehraufwand verursachen. Folglich empfiehlt sich die Verwendung der RBs in Abhängigkeit zu dem Laufzeitverhalten, welches zu erwarten bzw. vorgegeben ist. Sei x die Anzahl der neu erzeugten Objekte, z die Summe aus den Elementen der korrespondierenden Zielmenge(n) und t_1 die durchschnittliche Zeit, die für die Berücksichtigung jedes Elements der Zielmenge benötigt wird, dann ergibt der durch die Verwaltung der RBs durchschnittlich verursachte Mehraufwand durch $x \cdot (c + z \cdot t_1)$, wobei c einen konstanten Faktor für den Zugriff auf die jeweilige Zielmenge darstellt. Demgegenüber steht der Aufwand für die Protokollierung von sämtlichen Referenzzuweisungen, die meist auch einer Objekterzeugung folgen, wenn das neu erzeugte Objekt einer entsprechenden Variablen zugewiesen wird. Sei y die Anzahl der durchgeführten Referenzänderungen und t_2 die hierbei jeweils zusätzlich durchschnittlich benötigte Zeit zur Protokollierung, dann ergibt sich mit $y \cdot t_2$ der durchschnittliche Mehraufwand. Mit Hinblick auf die Zielsetzung, die Rechenzeit der laufenden Aktivitätsträger so wenig wie möglich zu beeinträchtigen, würde sich die Verwendung von RBs für $x \cdot (c + z \cdot t_1) \leq y \cdot t_2$ empfehlen. Aufgrund mehrerer und wiederholt durchgeführter Testszenarien, bei den unterschiedliche Objekte mit unterschiedlichen Zielmengen wieder holt erzeugt wurden, um sowohl die Zugriffszeit auf die jeweilige Zielmenge als auch die Verarbei-

---

[26]Ein Beispiel hierfür ist eine regelmäßige und häufig durchgeführte Reorganisation bestehender Datenstrukturen, wie bspw. die Sortierung von Listenelementen oder vergleichbaren Daten.

6.3 Freispeichersammlung

tungszeit ihrer Elemente zu ermitteln, und den in Tabelle 6.5 aufgeführten Zeiten ergeben sich für die Parameter c, t_1 sowie t_2 die Durchschnittswerte von 30, 161 und 206 Nanosekunden, so dass die Verwaltung der RBs die Aktivitätsträger weniger belasten, wenn $x \cdot (30 + z \cdot 161) \leq y \cdot 206$ erfüllt wird.

Im Gegensatz zu den Backpacks verwalten die RBs keine individuellen Backlinks für jedes Objekt, sondern eine Menge potentieller Backlinks für jeden Objekttyp, so dass die Ausführungszeit einer Speicherbereinigung auf Basis der RBs zu einem Großteil durch die Validierung der potentiellen Backlinks bestimmt wird, weil im ungünstigsten Fall sämtliche Einträge aus dem RB überprüft werden müssen, um den Status für ein beliebiges Objekt feststellen zu können. Demzufolge definiert sich die Leistungsfähigkeit der Freispeichersammlung im Wesentlichen durch die Menge der potentiellen Backlinks, die für jedes Objekt im Speicher betrachtet werden müssen. Sei b die Anzahl der potentiellen Backlinks für einen beliebigen Typ und t die durchschnittlich benötigte Zeit zur Validierung eines potentiellen Backlinks, dann lässt sich ein nicht mehr referenziertes Objekt im Schnitt innerhalb von $t \cdot b$ als solches erkennen. Werden nun n verschiedene Objekttypen mit einer variierenden Anzahl an potentiellen Backlinks $\{b_1; b_2; ... b_n\}$ betrachtet, dann definiert sich b durch $\sum_{i=1}^{n} b_i$ und die notwendige Zeit zur Validierung durch $t \cdot \sum_{i=1}^{n} b_i$, ungeachtet der hierbei notwendigen Zugriffe auf entsprechende Verwaltungsstrukturen. Um einen Durchschnittswert für t bestimmen zu können, wurden verschiedene Testszenarien wiederholt durchgeführt, bei denen nicht nur die Typen der betrachteten Objekte variierten, sondern auch die Menge ihrer potentiellen Backlinks, die hierbei validiert werden mussten. Auf Basis der hierbei durchgeführten Messungen konnte für t ein durchschnittlicher Wert von 23 Nanosekunden für die Validierung eines potentiellen Backlinks ermittelt werden, so dass im Schnitt $10^9 \cdot \frac{1}{23 \cdot \sum_{i=1}^{n} b_i}$ potentielle Backlinks pro Sekunde verifiziert werden könnten.

Die hier vorgestellten Resultate zeigen deutlich, dass die Leistungsfähigkeit einer Freispeichersammlung auf Basis von RBs im Wesentlich davon abhängt, wie viele potentielle Backlinks überprüft werden müssen. Ist die entsprechende Anzahl gering, dann lässt sich der Status von Objekten relativ schnell feststellen, wohingegen eine Vielzahl potentieller Backlinks die Ausführungsgeschwindigkeit negativ beeinflussen kann, weil bspw. im Fall nicht mehr referenzierter Objekte alle Einträge der dazugehörigen RBs betrachtet werden müssen. Auch die Belastung für die Aktivitätsträger zur Laufzeit durch die Verwaltung der RBs, ist von den zugrunde liegenden Objektstrukturen abhängig. Gestalten sich diese ungünstig, so dass bspw. jedes Objekt jedes andere Objekt referenzieren könnte, wie dies bei Referenzen vom Typ Object der Fall wäre, dann sind bei einer Objekterzeugung viele potentielle Backlinks anzulegen und die Ausführungsdauer der Objektallozierung steigt entsprechend, so dass eine Protokollierung von Referenzänderungen ggf. weniger Aufwand verursachen würde (s.o.).

6 Messungen und Bewertung

Im Fall von Rainbow OS und der aktuellen Speicherbelegung zum Zeitpunkt dieser Messungen lassen sich mit den gegebenen Objektstrukturen rund 135.000 tote Objekte pro Sekunde einsammeln. Grund für dieses Ergebnis sind im Fall von Rainbow OS sehr viele Objekte vom Typ Array[27], welche in großer Anzahl im System genutzt und referenziert werden, wozu neben den Zielmengen oder den RBs u.a. auch sämtliche Strings und Code-Objekte gehören, so dass entsprechend viele potentielle Backlinks ausgewertet werden müssen. Bleiben Arrays bei den Messungen in Rainbow OS unberücksichtigt, dann erhöht sich die Anzahl von 135.000 auf durchschnittlich 928.000 Objekte pro Sekunde, so dass eine differenzierte Behandlung von genannten Objektstrukturen vorteilhaft sein kann (s. Kapitel 6.3.5).

6.3.3 Typbasierte Referenzverfolgung

Im Vergleich zu den RBs oder anderen Verfahren verzichtet das TRT auf eine aufwändige Protokollierung zur Laufzeit, besitzt hierfür allerdings lediglich die in Kapitel 5.5 vorgestellten SI, wodurch zu erwarten ist, dass sich der Aufwand zum Zeitpunkt der Speicherbereinigung erheblich erhöhen kann. Wesentliche Faktoren hierfür sind einerseits die Abhängigkeiten zwischen den einzelnen Typen untereinander und andererseits die Menge der Objekte, die in Folge der ermittelten Typstrukturen zu betrachten sind. Zu den möglichen Abhängigkeiten gehören nicht nur direkte Referenzen zwischen den Typen, sondern zusätzlich auch sämtliche Vererbungshierarchien und implementierte Schnittstellen (sog. Interfaces), weil bspw. eine Referenz auf ein Objekt eines bestimmten Typs auch auf Objekte von abgeleiteten Typen verweisen kann, so dass nicht nur der direkt referenzierte Typ von Relevanz ist, sondern auch sämtliche Typen, die von diesem erben. Ähnliches gilt auch für Objekte, die Schnittstellen implementieren, weil auch sie durch diese referenziert werden können. Infolgedessen gestaltet sich die Suche nach referenzierenden Objekten u.U. sehr aufwändig, insbesondere dann, wenn jeder der gegebenen Typen im System jeden anderen Typ referenzieren kann und es zu jeden dieser wenigen Typen eine Vielzahl an Instanzen gibt. In diesem Fall müssten beim TRT zur Statusbestimmung eines Objekts sämtliche andere Objekte betrachtet werden. In Rainbow OS und der zugrunde liegenden Programmiersprache Java würde sich solch eine ungünstige Konstellation durch die ausschließliche Verwendung von Referenzen vom Typ Object ergeben, da sämtliche Typen wie in Java üblich von diesem erben und demzufolge jedes Objekt mit mindestens einer solchen Referenz jedes andere Objekt referenzieren könnte. Allerdings entspricht diese Art der objek-

---

[27]Unabhängig vom Typ ihrer Elemente besitzen sämtliche Arrays einen gemeinsamen Typ, weshalb Array-Referenzen selbst noch keine Rückschlüsse auf die Typen der Elemente zur Laufzeit zulassen und diese separat geprüft werden müssen.

torientierten Programmierung nicht der üblichen Vorgehensweise und würde auch dem Sinn einer objektorientierten Sprache wie sie Java ist widersprechen. Neben diesen einem Extrem wäre auch ein für das TRT besonders günstiger Fall möglich, bei dem die möglichen Abhängigkeiten der Typen untereinander minimal sind und die Menge ihrer Instanzen jeweils klein. In solch einem Fall kann ein Objekt eines bestimmten Typs lediglich von einer kleinen Anzahl an Objekten eines anderen Typen referenziert werden, so dass sich die Betrachtung auf ein paar wenige Objekte beschränkt.

Die Ausführungsgeschwindigkeit, mit der sich beim TRT nicht mehr referenzierte Objekte erkennen lassen, ergibt sich also durch die Menge der Objekte, die auf eine mögliche Referenz untersucht werden müssen, vorausgesetzt, die SI wurden bereits während des Startprozess oder zuvor ausgewertet (s.a. Kapitel 6.3.1). Infolgedessen steht der Aufwand zur Statusbestimmung für ein beliebiges Objekt in Relation zu den referenzierenden Typen und deren Instanzen. Sei x die Anzahl aller relevanten Typen, $Y = \{y_1; y_2; ...y_x\}$ die Menge ihrer Instanzen und t die durchschnittlich benötigte Zeit, die für die Betrachtung einer einzelnen Instanz notwendig ist, dann lässt sich der Aufwand durch $t \cdot (x + \sum_{i=1}^{x} y_i)$ abschätzen. Um die durchschnittlich benötigte Zeit t zu bestimmen, wurden mehrere Testszenarien wiederholt durchgeführt (s. Abbildung 6.3), bei denen nicht nur die Anzahl der relevanten Typen variierte, sondern auch die Menge ihrer Instanzen. Auf Basis der durchgeführten Messungen ließ sich für t ein Durchschnittswert von 43 Nanosekunden ermitteln, so dass sich innerhalb von einer Sekunde im Schnitt $10^8 \cdot \frac{1}{4,3 \cdot (x + \sum_{i=1}^{x} y_i)}$ Objekte eines Typs betrachten lassen. Infolgedessen gilt für eine Betrachtung von n unterschiedlichen Typen, dass die Menge $X = \{x_1; x_2; ...x_n\}$ aller relevanten Typen berücksichtigt werden muss, so dass sich durchschnittlich $10^8 \cdot \frac{1}{4,3 \cdot (\sum_{j=1}^{n} (x_j + \sum_{i=1}^{x_j} y_i))}$ Objekte unterschiedlichen Typs pro Sekunde betrachten lassen.

Unabhängig von möglichen Optimierungen durch temporäre Verwaltungsstrukturen und zielgerichtete Cachingstrategien, welche für eine grundlegende Bewertung irrelevant sind und deshalb nicht erörtert werden sollen, zeigen die Messergebnisse deutlich, dass die Leistungsfähigkeit des TRT stark von den gegebenen Objektstrukturen im System abhängig ist. Gestalten sich diese ungünstig (s.o.), dann müssen zur Statusbestimmung einzelner Objekte viele andere Instanzen im Speicher betrachtet werden, so dass sich die Anzahl der betrachteten Objekte pro Sekunde trotz der schnellen Analyse einzelner Instanzen stark abfallen kann. Andererseits bietet das TRT auch die Möglichkeit, den Status einzelner Objekte schnell zu bestimmen, insbesondere dann, wenn sich die relevanten Objektstrukturen entsprechend günstig gestalten (s.o.).

Wie in Kapitel 6.3.2 bereits erwähnt, befinden sich in Rainbow OS viele Objekte vom Typ Array im Speicher, die zum Zeitpunkt dieser Messungen nicht nur zur Laufzeit erzeugt wurden,

6 Messungen und Bewertung

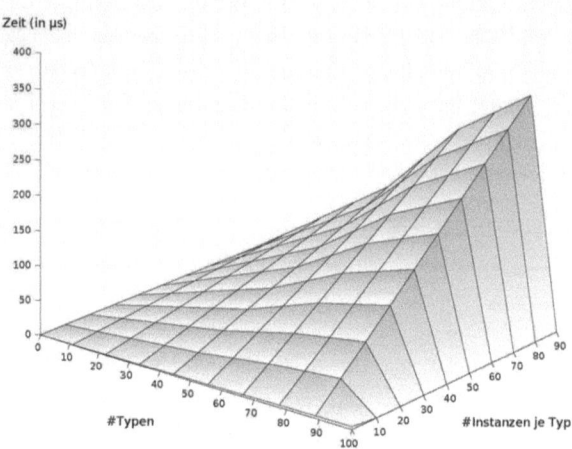

Abbildung 6.3: Ausführungszeit des Typebased Reference Tracking für das Auffinden nicht mehr referenzierter Objekte, in Abhängigkeit zu der Menge der referenzierenden Typen und deren Anzahl an Instanzen im Speicher.

sondern sich auch in einer großen Anzahl bereits im verteilten Kern befinden (s. Kapitel 4.2.1). Hierzu gehören u.a. sämtliche String- und Code-Objekte mit ihren dazugehörigen Charakter- bzw. Byte-Arrays, wie sie bereits zum Zeitpunkt der Übersetzung angelegt wurden. Im Vergleich zu den RBs erschweren solche Objektstrukturen beim TRT die Statusbestimmung einzelner Objekte mehr, weil sich die Ausführung nicht nur auf eine Menge potentieller Backlinks beschränkt, sondern auf alle Referenzen eines Typs, so dass u.U. weitaus mehr verglichen werden müssen. Aufgrund dessen lässt sich mit dem TRT und den aktuellen Objektstrukturen im Durchschnitt für 72.000 Objekte pro Sekunde der Status bestimmen, wobei sich dieser Wert auf rund 496.000 erhöht, wenn entsprechende Objektstrukturen unberücksichtigt bleiben. Folglich könnte bei den zugrunde liegenden Datenstrukturen in Rainbow OS auch beim TRT eine hybride Vorgehensweise[28] besser geeignet sein (s.a. Kapitel 6.3.5), wenn auf diese Weise unvorteilhafte Objektstrukturen für das TRT ausgenommen werden können. Allerdings bietet sich dieses Verfahren, trotz des erhöhten Aufwands, für eine Kombination mit einer ausgelagerten Freispeichersammlung an, um diese bei Bedarf zu unterstützen oder bei einem Ausfall sogar ersetzen zu können, da weder Referenzänderungen noch die Allozierung neuer Objekte zuvor

---

[28]Hierbei könnten bspw. Modifikationen von Referenzen auf Arrays oder auf Objekte vom Typ Object gezielt protokolliert werden.

protokolliert werden müssen.

6.3.4 Offline Freispeichersammlung

Während eine Freispeichersammlung innerhalb des Clusters, ausgeführt auf den einzelnen Knoten, direkten Einfluss auf die Leistungsfähigkeit des Gesamtsystems und die Performanz einzelner Aktivitätsträger haben kann, benötigt die im Rahmen dieser Arbeit entwickelte Offline Freispeichersammlung keinerlei Ressourcen des Clusters, weil diese vollständig nebenläufig ausgeführt werden kann. Infolgedessen wirkt sich die Offline Freispeichersammlung positiv auf die Leistungsfähigkeit des Clusters aus, wenn mit ihr und den Schnappschüssen des Pageservers ausreichend nicht mehr benötigter Speicher aufgefunden werden kann, so dass innerhalb des Clusters keine Freispeichersammlung mehr notwendig wird und damit auch keine Ressourcen beansprucht werden (s. Kapitel 5.7). Die Leistungsfähigkeit der Offline Freispeichersammlung ist dabei maßgeblich von den Verwaltungsstrukturen und den zur Verfügung gestellten Schnittstellen des Pageservers abhängig, weil dieser intern ein eigenes, vom Cluster verschiedenes Objektformat für die Verwaltung seiner Schnappschüsse verwendet, welches der Offline Freispeichersammlung unbekannt ist. Des Weiteren dürfen gespeicherte Schnappschüsse lediglich lesend zugegriffen werden, um so das gesicherte und konsistente Abbild des verteilten Speichers nicht zu verfälschen. Aus diesem Grund bietet der Pageserver der Offline Freispeichersammlung lediglich eine Schnittstelle zum gezielten Auslesen ganzer Speicherseiten an, welche dabei durch ihn aus dem gewünschten Schnappschuss extrahiert und ggf. dekomprimiert werden. Auf diese Weise lassen sich sämtliche Speicherseiten, die sich zum Zeitpunkt des Schnappschuss im verteilten Speicher befunden haben, anfordern und auswerten, so dass bspw. auch gezielt Referenzen verfolgt werden können, wenn deren Speicherposition bekannt ist. Aufgrund der gegebenen Objektstrukturen in Rainbow OS und der Eigenschaft, dass eine Objektreferenz stets auf den ersten primitiven Datentyp verweist, bei dem es sich stets um die Anzahl der Objektreferenzen des Objekts handelt, können sämtliche Referenzen eines Objekts effizient traversiert werden.

Als Ausgangspunkt für den implementierten M&S der Offline Freispeichersammlung dient ein Wurzelobjekt, von dem aus sämtliche Objekte in Rainbow OS erreichbar sind, insofern sie noch referenziert werden, und dessen Speicherposition an einer, für die Offline Freispeichersammlung bekannten Position im verteilten Speicher (und damit auch innerhalb eines Schnappschuss) vermerkt wird. Ausgehend von diesem Wurzelobjekt verfolgt die Offline Freispeichersammlung in der Markierungs-Phase sämtliche Objektreferenzen und notiert dabei alle erreichten Objekte, denn im Gegensatz zu einem gewöhnlichem M&S, welcher eine Markierung im erreichten Objekt

6 Messungen und Bewertung

Operation	Minimale Laufzeit (in ns)	Durchschnittliche Laufzeit (in ns)	Maximale Laufzeit (in ns)
Seite von Pageserver anfordern	29505	39391	54666
Objektref. aus Schnappschuss lesen	21	278	54210
Objektref. als markiert vermerken	21	88	1014
Status einer Objektref. abfragen	21	25	273

Tabelle 6.6: Zugriffszeiten auf Schnappschussdaten und die Verwaltungszeiten des implementierten Hashingverfahrens, ermittelt während der Ausführung der Offline Freispeichersammlung.

setzt, muss die Offline Freispeichersammlung für diesen Zweck separate Verwaltungsstrukturen verwenden, um einen entsprechenden Schreibzugriff vermeiden zu können. Mit Hinblick auf die Performanz der Offline Freispeichersammlung sollten diese Strukturen einerseits ein schnelles Einfügen von bereits traversierten Objekten bzw. deren Adressen ermöglichen und andererseits auch entsprechende Suchanfragen schnell bedienen können, so dass sowohl in der Markierungs- als auch in der Aufräum-Phase bereits notierte Objekte schnell aufgefunden werden können. Demzufolge sind einfache, lineare Listen für diesen Zweck eher ungeeignet, weil diese im ungünstigsten Fall bei jeder Suche vollständig durchlaufen werden müssen, was insbesondere bei einer großen Anzahl von Objekten zu längeren Verzögerungen in der Offline Freispeichersammlung führen kann. Aus diesem Grund wurde für die Offline Freispeichersammlung und ihr M&S ein Hashingverfahren gewählt, welches im Vergleich zu linearen Listen u.U. mehr Speicherplatz benötigt, dafür aber jede Suche im Idealfall in kürzester Zeit beantwortet (s. Tabelle 6.6). Der zweite, wesentliche Faktor für die erreichbare Ausführungsgeschwindigkeit der Offline Freispeichersammlung ist die Bearbeitungszeit von Seitenanfragen durch den Pageserver, welcher hierfür wiederum entsprechende Festplattenzugriffe benötigt, die im Vergleich zu einem Hauptspeicherzugriff wesentlich langsamer sind.

Um die aufgeführten Einflussgrößen beurteilen zu können, wurden mehrere, wiederholte Ausführungszyklen der Offline Freispeichersammlung in Verbindung mit zuvor erstellen Schnappschüssen des verteilten Speichers von Rainbow OS analysiert und ausgewertet. Die hierbei ermittelten Resultate, die im Detail in Tabelle 6.6 aufgeführt werden, zeigen deutlich, dass die Leistungsfähigkeit der implementierten Freispeichersammlung maßgeblich durch die vom Pageserver zur Verfügung gestellten Schnittstelle beeinflusst wird. Sowohl in der Markierungs- als auch in der Aufräum-Phase beansprucht die Bearbeitung einer Seitenanfrage einen Großteil der gesamten Ausführungszeit, wobei die Aufräum-Phase davon profitiert, dass der entsprechende Speicherbereich linear durchlaufen wird und damit weniger oft auf nicht bereits angeforderte Seitendaten

6.3 Freispeichersammlung

Operation	Durchschnittliche Laufzeit pro Objekt (in µs)	Objekte pro Sekunde
Markierungs-Phase	3,4	294989
Aufräum-Phase	1,3	744047

Tabelle 6.7: Leistungsfähigkeit der Offline Freispeichersammlung und ihrem M&S auf Basis der durch den Pageserver verwalteten Schnappschüsse.

zugegriffen wird, als dies bei der Referenzverfolgung während der Markierungs-Phase der Fall ist. Werden lediglich die internen Funktionen der Offline Freispeichersammlung berücksichtigt, dann lässt sich feststellen, dass eine entsprechende Optimierung innerhalb des Pageservers im Sinne der Offline Freispeichersammlung, wie bspw. ein angepasstes Caching von Festplattendaten im Hauptspeicher, voraussichtlich zu einer deutlichen Leistungssteigerung führen würde, so dass sich weitaus mehr Objekte pro Sekunde traversieren und einsammeln lassen, als dies aktuell der Fall ist (s. Tabelle 6.7). Allerdings beeinflusst die Ausführungsgeschwindigkeit der Offline Freispeichersammlung keinen der Aktivitätsträger im Cluster, so dass im Gegensatz zu einer Speicherbereinigung im Cluster, eine höhere Ausführungsdauer toleriert werden kann, da hierdurch keiner der Knoten im Cluster negativ beeinträchtigt wird. Des Weiteren sind Geschwindigkeiten eines M&S, der direkt innerhalb des verteilten Speicher ausgeführt wird (s. Tabelle 6.8), nur erreichbar, wenn die der Offline Freispeichersammlung zugrunde liegende Hardware deutlich leistungsfähiger ist, als die der Cluster-Knoten, weil stets zusätzliche Verwaltungsstrukturen für die Ausführung benötigt werden.

Trotz solcher Verwaltungsstrukturen ist die Offline Freispeichersammlung eine gute Möglichkeit, um die Leistungsfähigkeit der Aktivitätsträger im Cluster zu steigern, weil durch sie keinerlei Buchführung zur Laufzeit von Anwendungen notwendig ist und auch keine Rechenkapazitäten für das Auffinden und Einsammeln nicht mehr referenzierter Objekte aufgewendet werden muss.

Operation	Durchschnittliche Laufzeit pro Objekt (in ns)	Objekte pro Sekunde
Markierungs-Phase	486	2057613
Aufräum-Phase	56	17857142

Tabelle 6.8: Erreichbare Leistungsfähigkeit des M&S im Cluster, wenn dieser den Cluster monopolisiert und sämtliche Daten vorliegen.

6 Messungen und Bewertung

6.3.5 Bewertung

Die ermittelten Resultate zeigen, dass sowohl die RBs als auch das TRT für eine effiziente Freispeichersammlung eingesetzt werden können. Die jeweilige Ausführungsgeschwindigkeit ist bei beiden Verfahren von den zugrunde liegenden Objektstrukturen abhängig, welche im Fall des TRT den Aufwand zum Zeitpunkt der Freispeichersammlung und im Fall der RBs auch den Mehraufwand bei der Allozierung neuer Objekte bestimmen. Bei zuletzt genanntem ist deshalb der genannte Mehraufwand mit einer Protokollierung von Referenzänderungen zu vergleichen, so dass je nach Menge der zu erwartenden Referenzänderungen und der Anzahl neu erzeugter Objekte die RBs den in Kapitel 5.4.2 vorgestellten Backpacks vorzuziehen sind, oder nicht.

Im Gegensatz hierzu kann das TRT auf solche, zur Laufzeit protokollierten Informationen verzichten, ist aber in seiner Leistungsfähigkeit maßgeblich von den gegebenen Typdefinitionen abhängig. Gestalten sich die zugrunde liegenden Objektstrukturen ungünstig, dann lässt sich dieses Verfahren im schlechtesten Fall und ohne weitere Optimierungen nicht mehr effizient ausführen. Allerdings kann dieses Verfahren auch mit einer Offline Freispeichersammlung kombiniert werden, für den Fall das diese unerwartet ausfällt oder aufgrund mangelnder Ressourcen in ihrer Ausführung beeinträchtigt ist, weil sowohl die Backpacks als auch die RBs hierfür eher ungeeignet sind, da sie zur Laufzeit Referenzänderungen oder die Allozierung neuer Objekte protokollieren. Aus diesem Grund ist auch ein Wechsel zwischen Backpacks, RBs oder TRT nur schwer umzusetzen, weil eine fehlende bzw. unvollständige Protokollierung zu Fehlern führen kann oder ggf. aufwändig rekonstruiert werden müsste. Allerdings wäre ein hybride Vorgehensweise denkbar, bei der sich unterschiedliche Verfahren für unterschiedliche Objekte gleichzeitig und gezielt einsetzen lassen, um so bspw. RBs für Objekte zu verwenden, bei denen Backpacks einen höheren Aufwand verursachen würden, oder umgekehrt. Allerdings wäre hierfür ein angepasster Compiler notwendig, der für jede Referenzänderung und referenzierten Typ entscheiden kann, ob diese Änderung dem Laufzeitsystem zu melden ist, bei Verwendung von Backpacks, oder nicht, im Fall der RBs (s.a. Kapitel 8).

Trotz der Vorteile von RBs und TRT ist eine zum Cluster parallel ausgeführte Speicherbereinigung in Form der vorgestellten Offline Freispeichersammlung die beste Vorgehensweise, um die vorhandenen Ressourcen des Clusters zu schonen und dabei weiterhin nicht mehr referenzierte Objekt innerhalb des verteilten Speichers zu finden und wiederverwenden zu können. Diese Art der Speicherbereinigung arbeitet zwar auf bereits veralteten Datenstrukturen, beeinträchtigt aber hierbei keinen der laufenden Aktivitätsträger im Cluster und erreicht, unter entsprechenden Gegebenheiten, dennoch ausreichend gute Resultate.

7 Kurzfassung

Ein zentraler Punkt vieler verteilter Systeme ist die Wahrung der Konsistenz verteilt und gemeinsam genutzter Datenstrukturen, was insbesondere bei der Verteilung des Speichers (DSM) oder für die Gewährleistung einer einheitlichen Sicht auf das Gesamtsystem und dessen Datenstrukturen (SSI) gilt. Aufgrund unterschiedlicher Anforderungen an die Konsistenz und ihrer Umsetzung gibt es eine Vielzahl unterschiedlicher Konsistenzmodelle, die je nach Definition mehr oder weniger starke Auswirkungen auf die Kommunikation zwischen den miteinander vernetzten Knoten und die Performanz ihrer Aktivitätsträger haben können.

Hierdurch motiviert werden in der vorliegenden Arbeit Ansätze und Möglichkeiten diskutiert, wie sich im Gegensatz zu vielen Systemen, welche lediglich ein Konsistenzmodell realisieren, mehrere Konsistenzmodelle gleichzeitig in einem verteilten System wie bspw. Rainbow OS benutzen und realisieren lassen. Auf diese Weise lässt sich die Ausführung einzelner Aktivitätsträger entsprechend ihrer Zugriffsmuster gezielt optimieren. Aufbauend auf diesen Betrachtungen wurde ein Ansatz für einen VVS entwickelt, bei der mit Hilfe einer Unterteilung des logischen Adressraums in einzelne Konsistenzregionen eine Vielzahl unterschiedlicher Konsistenzmodelle unterstützt und neue zur Laufzeit hinzugefügt werden können.

Anschließend werden mögliche Verfahren zur Verwaltung und Organisation eines VVS vorgestellt und diskutiert, wobei insbesondere auf nebenläufige und konkurrierende Speicheranfragen und deren Koordinierung näher eingegangen wird. Mit Hinblick auf die zuvor aufgeführte Unterstützung multikonsistenter Datenstrukturen wird ein besonderes, zweigeteiltes Objektformat vorgestellt, welches eine Abschwächung der Konsistenz für primitive Datentypen erlaubt, ohne hierbei die Integrität des Gesamtsystems zu gefährden. Aufbauend auf diesem Objektformat und den zuvor erörterten Anforderungen an eine Speicherverwaltung wurde eine effiziente und schlanke Verwaltung des VVS entwickelt, um neue Objekte mit unterschiedlichen Konsistenzeigenschaften schnell und konfliktfrei allozieren zu können, ohne eine explizite Synchronisierung durch den Benutzer.

Neben der Allozierung und Verwaltung von freiem Speicher ist ein weiterer Kernpunkt dieser

7 Kurzfassung

Arbeit die Thematik der Freispeichersammlung, welche meist ein essentieller Bestandteil moderner Systeme ist und den Benutzer vor fehlerhaften oder verfrühten Freigaben schützt. Hierbei werden verschiedene Ansätze und Verfahren für die Speicherbereinigung diskutiert und insbesondere in Zusammenhang mit der Verteilung von Datenstrukturen und Ausführung beurteilt. Im Fokus liegen dabei besonders Verfahren der inversen Referenzverfolgung, welche neben einer selektiven Betrachtung einzelner Objektstrukturen auch die Reorganisation bestehender Speicherstrukturen erleichtern sollen. Aufbauend auf den SI, welche mit Hilfe des Compilers zum Zeitpunkt der Übersetzung erzeugt werden können, wird ein im Rahmen dieser Arbeit entwickeltes Verfahren vorgestellt, welches eine inverse Referenzverfolgung ermöglicht, ohne hierbei Referenzänderungen zur Laufzeit abfangen und protokollieren zu müssen. Mit dem Ziel, die Ausführung von Aktivitätsträgern so wenig wie möglich durch die Anforderungen der Freispeichersammlung zu beeinflussen, wurde eine weitere Variante zur inversen Referenzverfolgung entwickelt, bei der auf jegliche Protokollierung verzichtet werden kann.

Des Weiteren werden auch Möglichkeiten für eine vollständig nebenläufig zum System ausgeführte Freispeichersammlung diskutiert, deren Ausführung keine Ressourcen und Rechenkapazitäten der arbeitenden Knoten beansprucht. Aufbauend auf den Schnappschüssen des Pageservers wird eine ausgelagerte Form der Freispeichersammlung vorgestellt, die parallel zum Cluster nicht mehr benötigten Speicher auffinden und dessen Speicherverwaltung hierüber informieren kann, so dass ggf. auf eine Freispeichersammlung innerhalb des Clusters verzichtet werden kann.

Die im Rahmen dieser Arbeit durchgeführten Messungen belegen, dass sich mit der vorgestellten Speicherverwaltung sowohl multikonsistente Objekte schnell erzeugen als auch einsammeln lassen, wenn diese nicht mehr referenziert werden. Die Werte zeigen, dass die Ausführungszeiten der vorgestellten Verfahren zur Speicherbereinigung u.U. maßgeblich von den zugrunde liegenden Objektstrukturen und deren Relationen zueinander abhängig sind, wohingegen die Leistungsfähigkeit der ausgelagerten Freispeichersammlung von den internen Verwaltungsstrukturen des Pageservers beeinflusst wird.

8 Ausblick

Die im Rahmen dieser Arbeit für Rainbow OS entwickelte Verwaltung multikonsistenter Datenstrukturen bietet eine geeignete Ausgangsbasis, um weitere Konsistenzmodelle zu erforschen, zu implementieren und zu verifizieren. Hierfür könnten bspw. unterschiedliche Szenarien verteilter Anwendungen studiert und deren jeweiliges Zugriffsmuster auf verteilt gespeicherte und gemeinsam genutzte Daten analysiert werden. Ausgehend von den hierbei gewonnenen Erkenntnissen könnten gezielt neue Konsistenzmodelle entwickelt werden, die einerseits ein gegebenes Zugriffsmuster in optimaler Weise unterstützen und andererseits die gewünschten Konsistenzeigenschaften bieten. Auf diese Weise könnte der Kommunikationsaufwand für entsprechende Anwendungen auf ein Minimum beschränkt und so höchstwahrscheinlich die Leistungsfähigkeit gesteigert werden, insbesondere dann, wenn bekannte und womöglich zu strenge Konsistenzmodelle zu größeren Leistungseinbußen führen würden.

Aufgesetzt auf die im Rahmen dieser Arbeit vorgestellten Strukturen und Schnittstellen könnte eine Art Framework für Rainbow OS entwickelt werden, welches den Programmierer beim Design und der Umsetzung neuer Konsistenzmodelle unterstützt. Mit Hilfe von solch einem Framework und den in Rainbow OS integrierten Compiler könnten neue Konsistenzprotokolle entwickelt und erprobt werden, ohne dass dabei das gesamte System neu übersetzt bzw. gestartet werden müsste. In welcher Form sich hierbei Synergien zwischen den unterschiedlichen Konsistenzmodellen ergeben würden wäre in zukünftigen Arbeiten zu erforschen.

Darüber hinaus wäre auch über eine Erweiterung des zugrunde liegenden Compilers nachzudenken, ob dieser neben den vorgestellten Mitteln weiterreichende Möglichkeiten bieten kann, um bspw. dem System und dessen Benutzer eine selektive Konsistenzdefinition für einzelne Objektfelder zu ermöglichen, so dass diese nicht in unterschiedlichen Objekten, welche verschiedenen Konsistenzmodellen unterliegen, gekapselt werden müssten. Auf diese Weise würde sich voraussichtlich die Verwendung unterschiedlicher Konsistenzmodelle innerhalb einer Anwendung weiter vereinfachen lassen, wenn hierbei die Komplexität des Programmiermodells nicht wesentlich erhöht wird.

8 Ausblick

Mit Hinblick auf die im Rahmen dieser Arbeit entwickelten Verfahren zur Freispeichersammlung eröffnen sich neue Forschungsfelder in Bezug auf eine weiterreichende Unterstützung durch den Compiler, so dass sich bspw. Referenzänderungen selektiv für bestimmte Typen protokollieren lassen, wenn dies aufgrund ihrer Strukturen und Abhängigkeiten von Vorteil ist. Mit einem erweiterten Compiler, welcher entsprechende Funktionalität zur differenzierten Behandlung unterschiedlicher Typen bietet, könnte je nach Bedarf das am Besten geeignete Verfahren angewendet werden.

Abbildungsverzeichnis

1.1 Verteilter gemeinsamer Speicher eines Rainbow OS Clusters. 8
3.1 Alle vier Aktivitätsträger greifen entweder lesend (l) oder schreiben (s) auf ein Datum x zu (s(x)a bedeutet a wird in x geschrieben; l(x)a bedeutet a wird aus x gelesen). Speicherzugriffe in a) entsprechen einem strikt konsistenten Speicher, in b) hingegen nicht. (Zeitlicher Ablauf von links beginnend.) 24
3.2 Der Speicher in a) ist sequentiell, aber nicht strikt konsistent, wohingegen er in b) weder strikt, noch sequentiell konsistent ist. 24
3.3 In a) existieren keine Abhängigkeiten, so dass der Speicher kausal konsistent ist. In b) gilt: Der Schreibzugriff von A_2 ist abhängig von dem zuvor von A_1 ausgeführten, so dass b) kein kausal konsistenter Speicher ist. 25
3.4 Der Speicher von a) ist PRAM-konsistent, aber nicht strikt, sequentiell oder kausal konsistent. b) zeigt einen Speicher, der nicht PRAM-konsistent ist. 26
3.5 Durch die Synchronisation (S) ist der Speicher in a) schwach konsistent, im Gegensatz zu b), bei dem der Speicher nicht schwach konsistent ist. 26
3.6 Für die Zuordnung von Konsistenzprotokollen bieten sich unterschiedliche Granularitäten an. 32
3.7 Unterteilung des logischen Adressraums in Konsistenzregionen, die sich jeweils unter der Kontrolle eines beliebigen Konsistenzmodells befinden können. 38
3.8 In Rainbow OS unterliegen die ersten Konsistenzregionen stets der Lokalen sowie Transaktionalen Konsistenz. 39
4.1 Rainbow OS besteht aus einen lokalen sowie einen verteilten Kern, um lokale und für jeden Knoten individuelle Datenstrukturen getrennt von den verteilten und gemeinsam genutzten verwalten zu können. 53
4.2 Doppelköpfiges Format von Rainbow OS Objekten, bei denen Referenzen und Skalare gruppiert organisiert werden. 55
4.3 Split Objects sind eine Erweiterung des doppelköpfigen Objektformats um einen zusätzlichen, indirekten Datenteil. 56

Abbildungsverzeichnis

4.4 Dieses Beispiel zeigt mehrere Allokatoren, die den Speicherbereich innerhalb einer Konsistenzregionen verwalten und Speicheranfragen für die Allozierung neuer Objekte entgegennehmen können. 59

4.5 Ein Allokator dient mit seinen beiden Bereichen als Platzhalter für die Allozierung von Objekten (Deskriptor und indirekte Skalare). 60

4.6 Der Region Manger verwaltet sämtliche Konsistenzregionen und unterstützt bei Bedarf die Erzeugung neue Allokatoren. 62

4.7 Winglets umschließen sämtliche Objekte und ermöglichen die Traversierung des Speichers in aufsteigender sowie absteigender Form. 64

4.8 Smart Buffer als Bindeglied zwischen nicht-transaktionaler Hardware (Schreiber) und transaktionaler Ausführung (Leser). 68

4.9 Lokaler Allokator dient u.a. als Platzhalter für Smart Buffer, mit denen bspw. Daten der Hardware transaktional verarbeitet werden können. 69

5.1 Rerferenzzähler benötigen i.d.R. ein zusätzliches Feld in jedem Objekt, mit dem die Anzahl seiner referenzierenden Objekte verwaltet wird. 75

5.2 Referenzzähler geben keinen Aufschluss über zyklische Strukturen und können kaskadierende Freigaben bewirken. 76

5.3 Der Mark & Sweep traversiert alle erreichbaren Objekte und markiert diese. Anschließend können alle nicht markierten Objekte eingesammelt werden. . . . 78

5.4 Das Copying unterteilt den Speicher in zwei Bereiche für aktuelle (Zielbereich) und veraltetet Daten (Quellbereich). 79

5.5 Das Copying tauscht beim Start die Rollen von Ziel- und Quellbereich und kopiert alle erreichbaren Objekte vom Quell- in den Zielbereich. 80

5.6 Generations-Verfahren unterteilen Speicher in mehrere Bereiche (sog. Generationen) für Objekte mit unterschiedlichen Lebenszeiten. 82

5.7 Aktive Objekte aus jungen Generationen werden im Lauf der Zeit in ältere Generationen verschoben. 82

5.8 Dreifärbung repräsentiert den Zustand während des inkrementellen Kopiervorgangs. 85

5.9 Ein inkrementeller Mark & Sweep nutzt Dreifärbung zur Referenzverfolgung. . . 86

5.10 Backchain zur Verkettung referenzierender Objekte. 92

5.11 Backpacks dienen als Container für die Backlinks seines Objekts. 94

5.12 Aufbau der Symbolinformationen in Rainbow OS. 97

5.13 Potentielle Backlinks werden für jeden Typ in seinem Relaxed Backpack verwaltet. 99

5.14 Die Zielmenge eines Typs enthält seine referenzierbaren Typen. 101

5.15 Das Typebased Reference Tracking verwaltet referenzierende Typen in einer sog. Erreichbarkeitsmenge. 103
5.16 Pageserver speichert und verwaltet Schnappschüsse des verteilten Speichers. . . . 110
5.17 Die Offline Freispeichersammlung sucht nicht mehr referenzierte Objekte mit Hilfe eines Schnappschuss und stellt ihre Ergebnisse dem Cluster bereit. 113
5.18 Offline Freispeichersammlung analysiert in regelmäßigen Abständen einen Schnappschuss und übermittelt die Resultate dem Cluster. 115

6.1 Durchschnittlich benötigte Zeit zur Objektallozierung, in Abhängigkeit zu unterschiedlichen Objektgrößen, welche sich jeweils zur Hälfte aus Deskriptor und indirekt gespeicherten Skalaren zusammensetzen. 120
6.2 Durchschnittlich benötigte Zeit zur Erzeugung eines neuen Allokators, in Abhängigkeit zu unterschiedlichen Allokatorgrößen, welche sich jeweils zur Hälfte aus Deskriptor und indirekt gespeicherten Teil zusammensetzen. 122
6.3 Ausführungszeit des Typebased Reference Tracking für das Auffinden nicht mehr referenzierter Objekte, in Abhängigkeit zu der Menge der referenzierenden Typen und deren Anzahl an Instanzen im Speicher. 130

Abbildungsverzeichnis

Tabellenverzeichnis

5.1 Zusammenfassung ausgewählter Eigenschaften der in diesem Kapitel diskutierten Verfahren zur Speicherbereinigung. 117
6.1 Ausführungszeiten diverser Speicherverwaltungsfunktionen, ermittelt während den Testszenarien und Messungen aus Abbildung 6.1. 121
6.2 Funktionen der Speicherverwaltung, aus denen sich die insgesamt benötigte Zeit für die Erzeugung eines neuen Allokators ergibt (s.a. Abbildung 6.2). 122
6.3 Ausführungszeiten für die Analyse verschiedener Elemente innerhalb der Symbolinformationen. 124
6.4 Auswertung der gesamten Symbolinformationen für einen beliebigen Typ, für den insgesamt 51 Packages, 451 Klassen und 4400 Felder überprüft werden. . . . 125
6.5 Ausführungszeiten verschiedener Funktionen für die Protokollierung von Referenzänderungen. 126
6.6 Zugriffszeiten auf Schnappschussdaten und die Verwaltungszeiten des implementierten Hashingverfahrens, ermittelt während der Ausführung der Offline Freispeichersammlung. 132
6.7 Leistungsfähigkeit der Offline Freispeichersammlung und ihrem M&S auf Basis der durch den Pageserver verwalteten Schnappschüsse. 133
6.8 Erreichbare Leistungsfähigkeit des M&S im Cluster, wenn dieser den Cluster monopolisiert und sämtliche Daten vorliegen. 133

Tabellenverzeichnis

Literaturverzeichnis

[AK85]   ABRAMSON, D.A. und J.L. KEEDY: *Implementing a large virtual memory in a distributed computing system*. In: *Proceedings of the 18th Hawaii International Conference on System Sciences*, Band 2, Seiten 515–522, Haiwaii, USA, 1985.

[AMD10]   AMD INC.: *AMD64 Technology AMD64 Architecture Programmers Manual Volume 2: System Programming Publication No. 24593*, 2010.

[Bak91]   BAKER, HENRY G: *Cache-Conscious Copying Collectors*. In: *Workshop on Garbage Collection in Object-Oriented Systems at OOPSLA'91*, 1991.

[BBH+98]   BAL, HENRI E., RAOUL BHOEDJANG, RUTGER HOFMAN, CERIEL JACOBS, KOEN LANGENDOEN, TIM RÜHL und M. FRANS KAASHOEK: *Performance evaluation of the Orca shared-object system*. ACM Transactions on Computer Systems, 16(1):1–40, Februar 1998.

[BCJ01]   BUYYA, RAJKUMAR, TONI CORTES und HAI JIN: *Single System Image (SSI)*. International Journal of High Performance Computing Applications, 15(2):124–135, Mai 2001.

[BEN+93]   BIRRELL, ANDREW, DAVID EVERS, GREG NELSON, SUSAN OWICKI und WOBBER EDWARD: *Distributed Garbage Collection for Network Objects*, 1993.

[BS93]   BOLOSKY, WILLIAM J. und MICHAEL L. SCOTT: *False sharing and its effect on shared memory performance*. In: *USENIX Systems on USENIX Experiences with Distributed and Multiprocessor Systems - Volume 4*, Seiten 57–71, San Diego, California, 1993. USENIX Association.

[Buy97]   BUYYA, RAJKUMAR: *Single System Image : Need , Approaches and Supporting HPC Systems*. In: *The International Conference on Parallel and Distributed Processing Techniques and Applications*, Seiten 1–8, Las Vegas, USA, 1997.

Literaturverzeichnis

[BZS93] BERSHAD, BRIAN N., MATTHEW J. ZEKAUSKAS und WAYNE A. SAWDON: *The Midway Distributed Shared Memory System*. In: *Compcon Spring'93*, Seiten 528–537, 1993.

[Car95] CARTER, JOHN B.: *Design of the Munin Distributed Shared Memory System*. Journal of Parallel and Distributed Computing, 29:219–227, 1995.

[CBZ91] CARTER, JOHN B., JOHN K. BENNETT und WILLY ZWAENEPOEL: *Implementation and Performance of Munin*. In: *Proc. of the 13th {ACM} Symp. on Operating Systems Principles ({SOSP}-13)*, 1991.

[Che70] CHENEY, C.J.: *A nonrecursive list compacting algorithm*. Communications of the ACM, 13(11):677–678, 1970.

[Col60] COLLINS, GEORGE E.: *A method for overlapping and erasure of lists*. Communications of the ACM, 3:655 – 657, 1960.

[Cor91] CORPORAL, H.: *Distributed heap management using reference weights*. In: *Proceedings of the 2nd European conference on Distributed memory computing*, Seiten 325–336, Munich, Germany, 1991. Springer-Verlag New York, Inc.

[DLAR91] DASGUPTA, PARTHA, RICHARD J. LEBLANC, MUSTAQUE AHAMAD und UMAKISHORE RAMACHANDRAN: *The Clouds Distributed Operating System*. Computer, 24(11):34–44, 1991.

[DLM+78] DIJKSTRA, EDSGER W., LESLIE LAMPORT, A. J. MARTIN, C. S. SCHOLTEN und E. F. M. STEFFENS: *On-the-fly garbage collection: an exercise in cooperation*. Communications of the ACM, 21(11):966–975, November 1978.

[DSB86] DUBOIS, MICHEL, CHRISTOPH SCHEURICH und FAYE BRIGGS: *Memory access buffering in multiprocessors*. In: *International Symposium on Computer Architecture*, Seiten 434–442, Tokyo, Japan, 1986. ACM.

[Esk96] ESKICIOGLU, M. RASIT: *A comprehensive bibliography of distributed shared memory*. ACM SIGOPS Operating Systems Review, 30(1):71–96, Januar 1996.

[FP89] FLEISCH, B. und G. POPEK: *Mirage: a coherent distributed shared memory design*. In: *ACM SIGOPS Operating Systems Review*, Band 23, Seiten 211–223, November 1989.

Literaturverzeichnis

[Fre] FRENZ, STEFAN: *Small Java Compiler.* http://www.famfrenz. de/stefan/compiler.html.

[Fre06] FRENZ, STEFAN: *Zuverlässiger verteilter Speicher mit transaktionaler Konsistenz.* Doktorarbeit, Ulm, 2006.

[GFSS03] GOECKELMANN, R., S. FRENZ, M. SCHOETTNER und P. SCHULTHESS: *Compiler Support for Reference Tracking in a type-safe DSM.* In: *Proceedings of the Joint Modular Languages Conference*, Innsbruck, Austria, 2003.

[GKWH10] GERHOLD, STEFFEN, NICO KAEMMER, ALEXANDER WEGGERLE und CHRISTIAN HIMPEL: *Pageserver: High-Performance SSD-Based Checkpointing of Transactional Distributed Memory.* In: *Proceedings of the 2nd International Conference on Computer Engineering and Applications*, Bali, 2010.

[Goe05] GOECKELMANN, RALPH: *Speicherverwaltung und Bootstrategien für ein Betriebssystem mit transaktionalem verteilten Heap.* Doktorarbeit, Ulm, 2005.

[Gol89] GOLDBERG, B.: *Generational reference counting: a reduced-communication distributed storage reclamation scheme.* In: *Proceedings of the SIGPLAN '87 symposium on Interpreters and interpretive techniques*, Seiten 313–321. ACM New York, NY, USA, 1989.

[Gra81] GRAY, JIM: *The Transaction Concept : Virtues and Limitations.* In: *Proceedings of the seventh international conference on Very Large Data Bases - Volume 7*, Nummer 1, Seiten 144–154, Cannes, France, 1981. VLDB Endowment.

[GSFS04] GOECKELMANN, R., M. SCHOETTNER, S. FRENZ und P. SCHULTHESS: *PLURIX, A DISTRIBUTED OPERATING SYSTEM EXTENDING THE SINGLE SYSTEM IMAGE CONCEPT.* In: *Proceedings of the IEEE Canadian Conference on Electrical and Computer Engineering*, Niagara Falls, Canada, 2004.

[HA90] HUTTO, P.W. und M. AHAMAD: *Slow memory: Weakening consistency to enhance concurrency in distributed shared memories.* In: *The 10th International Conference on Distributed Computing Systems*, Seiten 302–309, Paris, France, 1990.

[HK82] HUDAK, PAUL und ROBERT M. KELLER: *Garbage Collection and Task Deletion in Distributed Applicative Processing Systems.* In: *Proceedings of the 1982 ACM symposium on LISP and functional programming*, Seiten 168–178, Pittsburgh, Pennsylvania,

Literaturverzeichnis

United States, 1982.

[HT93]   HADZILACOS, VASSOS und SAM TOUEG: *Fault-tolerant broadcasts and related problems*, Seiten 97–145. ACM Press/Addison-Wesley Publishing Co., New York, USA, 2 Auflage, 1993.

[Hug85]   HUGHES, JOHN: *A distributed garbage collection algorithm*. In: *Proc. of a conference on Functional programming languages and computer architecture*, Seiten 256 – 272, Nancy, France, 1985.

[Int10]   INTEL CORPORATION: *Intel 64 and IA-32 Architectures Software Developers Manual Volume 3A: System Programming Guide , Part 1, Order Number: 253668-036US*, 2010.

[JB89]   JOSEPH, T.A. und K.P. BIRMAN: *Reliable broadcast protocols*. Addison Wesley, 1989.

[JJ92]   JUUL, NIELS CHRISTIAN und ERIC JUL: *Comprehensive and Robust Garbage Collection in a Distributed System*. In: *Memory Management, International Workshop IWMM*, Seiten 1–12, St. Malo, 1992. Springer.

[JL96]   JONES, RICHARD und RAFAEL LINES: *Garbage Collection - Algorithms for Automatic Dynamic Memory Management*. 1996.

[KCDZ94]   KELEHER, PETE, ALAN L COX, SANDHYA DWARKADAS und WILLY ZWAENEPOEL: *TreadMarks: Distributed Shared Memory on Standard Workstations and Operating Systems*. In: *In Proceedings of the 1994 Winter Usenix Conference*, Seiten 115–131, 1994.

[Kha84]   KHAYRI, A. MOHAMED-ALI: *Object Oriented Storage Management and Garbage Collection in Distributed Processing Systems*. Doktorarbeit, Royal Institute of Technology, Stockholm, 1984.

[Kin00]   KINDLER, EKKART: *Systematische Spezifikation und Verifikation von Konsistenzprotokollen*. Doktorarbeit, 2000.

[Lam78]   LAMPORT, LESLIE: *Time, clocks, and the ordering of events in a distributed system*. Communications of the ACM, 21(7):558–565, Juli 1978.

[Lam79]   LAMPORT, L.: *How to Make a Multiprocessor Computer That Correctly Executes*

Literaturverzeichnis

Multiprocess Programs. IEEE Transactions on Computers, 28(9):690–691, 1979.

[Lam98] LAMPORT, LESLIE: *The Part-Time Parliament*. ACM Transactions on Computer Systems, 16(2):133–169, 1998.

[LH86] LI, KAI und PAUL HUDAK: *Memory Coherence in Shared Virtual Memory Systems*. In: *Proceedings of the 5th {ACM} Symposium on Principles of Distributed Computing ({PODC})*, 1986.

[LL92] LADIN, RIVKA und BARBARA LISKOV: *Garbage collection of a distributed heap*. In: *12th International Conference on Distributed Computing Systems*, Seiten 708–715, Yokohama, Japan, 1992.

[LQP92] LANG, BERNARD, CHRISTIAN QUEINNECT und JOSÉ PIQUER: *Garbage collecting the world*. In: *Proceedings of the 19th ACM SIGPLAN-SIGACT symposium on Principles of programming languages*, Seiten 39–50, Albuquerque, New Mexico, United States, 1992.

[LS88] LIPTON, R.J. und J.S. SANDBERG: *PRAM: A scalable shared memory*. Technical Report CS-TR-180-88, 1988.

[Mcc60] MCCARTHY, JOHN: *Recursive Functions of Symbolic Expressions and Their Computation by Machine*. Communications of the ACM, 3(April):184–195, 1960.

[Min63] MINSKY, MARVIN: *A LISP Garbage Collector Algorithm Using Serial Secondary Storage*, 1963.

[ML97] MAHESHWARI, UMESH und BARBARA LISKOV: *Collecting Distributed Garbage Cycles by Back Tracing*. In: *Proceedings of the sixteenth annual ACM symposium on Principles of distributed computing*, Seiten 239–248. ACM New York, NY, USA, 1997.

[Mos93] MOSBERGER, DAVID: *Memory Consistency Models*. ACM SIGOPS Operating Systems Review, 27(1):18–26, 1993.

[Piq95] PIQUER, JOSEÉ M.: *Indirect mark and sweep: A distributed GC*. In: *Proceedings of the International Workshop on Memory Management*, Nummer Piquer 1991, Seiten 267–282. Springer-Verlag, 1995.

[PS95] PLAINFOSS, DAVID und MARC SHAPIRO: *A Survey of Distributed Garbage Collection Techniques*. In: *International Workshop on Memory Management (IWMM)*, Seiten

Literaturverzeichnis

          211–249, Kinross, Scotland (UK), 1995.

[Pua92]   PUAUT, ISABELLE: *Distributed garbage collection of active objects with no global synchronisation.* In: *International Workshop on Memory Management*, Seiten 17–19, St. Malo, France, 1992.

[SDP92]   SHAPRIO, MARC, PETER DICKMAN und DAVID PLAINFOSSÉ: *SSP chains: Robust, distributed references supporting Acyclic Garbage Collection.* In: *Symposium on Principles of Distributed Computing*, Band 33, 1992.

[SGF+06]   SCHOETTNER, M., R. GOECKELMANN, S. FRENZ, M. FAKLER und P. SCHULTHESS: *Incremental Distributed Garbage Collection Using Reverse Reference Tracking.* In: *European Conference on Parallel Computing*, Seiten 571 – 581, 2006.

[Tan01]   TANENBAUM, ANDREW S.: *Modern Operating Systems.* Prentice Hall PTR, Upper Saddle River, NJ, USA, 2nd Auflage, 2001.

[Tra96]   TRAUB, STEFAN: *Speicherverwaltung und Kollissionsbehandlung in transaktionsbasierten verteilten Betriebssystemen.* Doktorarbeit, Ulm, 1996.

[TS01]   TANENBAUM, ANDREW S. und MAARTEN VAN STEEN: *Distributed Systems: Principles and Paradigms.* Prentice Hall PTR, Upper Saddle River, NJ, USA, 1 Auflage, 2001.

[WG92]   WIRTH, N. und J. GUTKNECHT: *Project Oberon, The Design of an Operating System and Compiler.* ACM Press, 1992.

[WSG+02]   WENDE, MORITZ, MICHAEL SCHOETTNER, RALPH GOECKELMANN, TOBIAS BINDHAMMER und PETER SCHULTHESS: *Optimistic Synchronization and Transactional Consistency.* In: *Proceedings of the 2nd IEEE/ACM International Symposium on Cluster Computing and the Grid*, Washington DC, USA, 2002. IEEE Computer Society.

Glossar

Distributed Shared Memory (DSM)

Ein verteilter gemeinsamer Speicher, bei dem die Verteilung der Datenstrukturen für den Benutzer transparent organisiert wird.

Garbage Collection (GC)

Engl. für Freispeichersammlung, welche den Speicher nach nicht mehr genutzten Speicherbereichen durchsucht und diese für eine mögliche Wiederverwendung einsammelt.

Local Area Network (LAN)

Ein lokales Netzwerk von mehreren Rechnern, welches sich im Gegensatz zu einem WAN auf einen lokalen Bereich beschränkt.

Massachusetts Institute of Technology (MIT)

Die Technische Hochschule Massachusetts ist eine Universität in Cambridge (USA).

Memory Management Unit (MMU)

Ist eine Funktionseinheit, welche heutzutage ein Bestandteil der meisten CPUs ist und die Abbildung von logischen auf physikalischen Adressraum bewerkstelligt.

Mark & Sweep (M&S)

Ein Verfahren der Freispeichersammlung, welches während der Markierungs-Phase alle erreichbaren Objektreferenzen verfolgt und damit den Status aller Objekte im Speicher bestimmt und anschließend, während einer Einsammel-Phase, unerreichte Objekte und dessen Speicherbereiche zur erneuten Verwendung einsammelt.

Glossar

Relaxed Backpack (RB)

Relaxed (relaxierte) Backpacks dienen als Container für die Organisation potentieller Backlinks, um so Referenzen invers verfolgen zu können, ohne hierfür sämtliche Referenzänderungen zur Laufzeit protokollieren zu müssen, wie dies bspw. bei einer Backchain oder Backpacks notwendig ist.

Remote Method Invocation (RMI)

Ist eine Form der Realisierung des RPC speziell für Java.

Remote Procedure Call (RPC)

Eine Technik für die Realisierung der Kommunikation von Prozessen untereinander.

Smart Buffer (SB)

Ein spezieller Speicherbereich, der als Bindeglied zwischen transaktional ausgeführten Treibern und nicht-transaktionaler Hardware dient, um so einen korrekten Datenaustausch zu gewährleisten.

Symbol-Informationen (SI)

Erweiterte, durch den Compiler zum Zeitpunkt der Übersetzung generierte Informationen, die Aufschluss über sämtliche Objektstrukturen und deren Abhängigkeiten geben. Hierzu gehört nicht nur die Definition sämtlicher Typen im System, sondern auch mögliche Vererbungshierarchien oder implementierte Schnittstellen.

Small Java Compiler (SJC)

Der SJC ist ein schlanker sowie effizienter Compiler, welcher Java-Code direkt in nativen Code für verschiedene Hardware-Architekturen (8, 16, 32 und 64 Bit Prozessoren) übersetzen kann.

Single System Image (SSI)

Ein SSI bietet ein verteiltes System, wenn alle Aktivitätsträger, unabhängig von den ausführenden Rechnern, stets eine identische Sicht auf die zur Verfügung stehenden Ressourcen besitzen.

Transactional Distributed Memory (TDM)

Ein verteilter Speicher/-Bereich (s.a. DSM), dessen Datenstrukturen der Transaktionalen Konsistenz unterliegen.

Typebased Reference Tracking (TRT)

Die typbasierte Referenzverfolgung ist ein im Rahmen dieser Arbeit entwickeltes Verfahren zur inversen Referenzverfolgung, bei dem mit Hilfe der SI auf eine Protokollierung von Referenzänderungen oder der Allozierung neuer Objekte zur Laufzeit verzichtet werden kann.

Verteilter Virtueller Speicher (VVS)

Physikalisch verteilter Speicher, welcher den Beteiligten mit Hilfe der Virtualisierung (s.a. MMU) als ein gemeinsamer Speicher erscheint und so die Verteilung vor dem Benutzer versteckt.

Wide Area Network (WAN)

Ein Weitverkehrnetz, welches sich im Unterschied zu einem lokalen Netzwerk (Local Area Network (LAN)) über einen sehr großen räumlichen Bereich erstreckt.

Die VDM Verlagsservicegesellschaft sucht für wissenschaftliche Verlage abgeschlossene und herausragende

Dissertationen, Habilitationen, Diplomarbeiten, Master Theses, Magisterarbeiten usw.

für die kostenlose Publikation als Fachbuch.

Sie verfügen über eine Arbeit, die hohen inhaltlichen und formalen Ansprüchen genügt, und haben Interesse an einer honorarvergüteten Publikation?

Dann senden Sie bitte erste Informationen über sich und Ihre Arbeit per Email an *info@vdm-vsg.de*.

Sie erhalten kurzfristig unser Feedback!

VDM Verlagsservicegesellschaft mbH
Dudweiler Landstr. 99　　　　　　Telefon +49 681 3720 174
D - 66123 Saarbrücken　　　　　　Fax　　　+49 681 3720 1749
www.vdm-vsg.de

Die VDM Verlagsservicegesellschaft mbH vertritt

Printed by Books on Demand GmbH, Norderstedt / Germany